新媒体数据分析

精准引流 + 爆款打造 + 盈利提升

李 军 编著

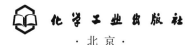

·北京·

内容简介

数据分析，既是为了精准引流，也是为了打造爆款，终极目标是提升盈利。

《新媒体数据分析：精准引流＋爆款打造＋盈利提升》是一本新媒体数据分析教程，共分为11个专题，通过两篇内容：工具篇＋平台篇，从分析思路、常用工具以及Excel工具等内容开始讲解，循序渐进地介绍了新媒体数据分析的热门工具，以及头条号、大鱼号、公众号、抖音号、快手号、视频号、百家号等热门新媒体平台的数据分析方法，帮助读者快速成为新媒体数据分析高手！

本书适合新媒体各平台的运营者（如头条号、公众号、大鱼号、百家号），以及短视频平台的经营者（如抖音、快手、视频号、B站等）学习参考，也可作为大专院校新媒体相关课程的教学用书。

图书在版编目（CIP）数据

新媒体数据分析：精准引流＋爆款打造＋盈利提升/李军编著．—北京：化学工业出版社，2021.2
ISBN 978-7-122-38228-3

Ⅰ.①新… Ⅱ.①李… Ⅲ.①数据处理-应用-传播媒介-高等学校-教材 Ⅳ.①G206.2-39

中国版本图书馆CIP数据核字（2020）第257553号

责任编辑：刘 丹　　　　　　　　　装帧设计：北京壹图厚德网络科技有限公司
责任校对：边 涛　　　　　　　　　美术编辑：王晓宇

出版发行：化学工业出版社（北京市东城区青年湖南街13号　邮政编码100011）
印　　装：大厂聚鑫印刷有限责任公司
710mm×1000mm　1/16　印张 15¾　字数 244千字　2021年4月北京第1版第1次印刷

购书咨询：010-64518888　　　　　　售后服务：010-64518899
网　　址：http://www.cip.com.cn
凡购买本书，如有缺损质量问题，本社销售中心负责调换。

定　　价：68.00元　　　　　　　　　　　　　　　　　　版权所有　违者必究

前言

新媒体，简单理解就是在报刊、户外、广播和电视这4大媒体之后，随着新技术的发展而出现的一种新型媒体，因此，它也被称作是"第5媒体"。

新媒体平台可以看作是所有新兴媒体的一个概括，包含的范围非常广泛，无论是微信公众平台、头条等以文字为主的平台，还是抖音、快手以短视频为主的平台，都属于新媒体平台的范畴。可以说，从事网络内容创作的人群，基本上都需要通过新媒体平台的运营来实现营销目标。

对于大多数新媒体运营者来说，在新媒体平台上发布内容虽然有一定难度，但相比之下，了解自身运营情况，在不断调整的过程中找到更适合自身的发展方向，更加困难。

而要想了解自身运营情况，数据分析又是必不可少的。再加上许多新媒体平台的运营都有具体的数据可供评估。虽然说在互联网时代，数据非常重要，但新媒体平台这么多，每个平台可以查询到的数据不尽相同，而且许多新媒体运营者又同时运营了多个平台。要如何进行数据分析？

笔者认为，如果暂时没有比较系统的方法，不妨先借鉴别人的数据分析经验。纵观市面上的图书，关于数据分析方法的虽然不少，但是用一本书来集中讲数据分析的却不多，而针对新媒体数据分析的就更少了。因此，笔者便结合自身的实践经验推出了本书。

　　本书分为两部分，对新媒体数据的相关内容进行了全面呈现。一是通过前 3 章内容对数据分析的基础知识及相关工具进行介绍，让新媒体运营者可以快速入门新媒体数据分析。二是通过后 8 章内容，对多个新媒体平台的具体数据分析方法进行了介绍，让新媒体运营者能够针对具体平台找到适合的数据分析方法，从而更好地进行数据分析，提高数据分析的效率。

　　需要特别说明的是，本书是在笔者实践基础上提炼出来的，虽然核心内容具有广泛的适用性，但是，因为每个新媒体运营者在运营过程中面临的具体情况不同，而且各新媒体数据分析平台还处于不断发展变化中，部分细节可能会与书中内容有一些差异。所以在学习本书的过程中，还需读者重点掌握相关的运营技巧，并结合自身的实际情况，找到更适合自己的运营模式。

　　由于笔者水平有限，书中难免有疏漏之处，恳请广大读者指正。

编著者

目 录

工具篇

第 1 章

分析思路：
了解新媒体数据
分析方法

1.1 为何要做：4 个好处助力盈利 …………… 4
1.1.1 提升黏性：将你的粉丝牢牢套住 ………… 4
1.1.2 打造爆款：打开热点营销的开关 ………… 5
1.1.3 找准方向：对内容有更好的把握 ………… 8
1.1.4 获得盈利：实现最终的商业变现 ………… 8

1.2 如何来做：5 大步骤具体解读 …………… 9
1.2.1 明确目的：做数据分析的原因是什么 …… 9
1.2.2 采集数据：对相关数据进行挖掘工作 …… 9
1.2.3 处理数据：删除与合并组合相关数据 …… 11
1.2.4 分析数据：评估是否达到预期的目标 …… 11
1.2.5 归纳数据：定期将数据进行归纳总结 …… 12

1.3 怎样分析：8 种方法选择运用 ………… 12
1.3.1 直接评判法：根据自身的经验评估 ……… 12
1.3.2 对比分析法：把客观事物加以比较 ……… 13
1.3.3 分组分析法：查明平均汇总的内容 ……… 14
1.3.4 结构分析法：计算组成部分的比重 ……… 15
1.3.5 平均分析法：说明事物的发展趋势 ……… 16
1.3.6 矩阵分析法：准确整理和分析结果 ……… 16
1.3.7 漏斗分析法：筛选出最关键的因素 ……… 18
1.3.8 雷达分析法：快速找出薄弱的环节 ……… 18

第 2 章　21
常用工具：4 大新媒体运营必备工具

2.1　新榜平台：提供综合性内容产业服务… 22
- 2.1.1　榜单数据：日榜周榜皆可查看………… 22
- 2.1.2　发布规律：了解自身发文习惯………… 24

2.2　清博指数：一键查询账号和内容数据… 26
- 2.2.1　昨日数据：前一日数据直观呈现……… 28
- 2.2.2　近 7 天数据：了解一周变化情况 …… 28
- 2.2.3　近 30 天数据：展现一月发布情况 …… 28
- 2.2.4　近 30 天热文：查看爆文 ……………… 29

2.3　神策数据：多维度实时分析运营数据… 30
- 2.3.1　为何选它：4 个方面优势明显 ………… 30
- 2.3.2　能做什么：4 种工作皆可运用 ………… 32
- 2.3.3　解决问题：6 个方面都有方案 ………… 34

2.4　百度指数：网民行搜索关键词的产物　40
- 2.4.1　趋势研究：查看关键词的变化趋势…… 40
- 2.4.2　需求图谱：了解关注关键词的人群…… 42
- 2.4.3　人群画像：掌握核心用户主要特性…… 42

第 3 章　45
Excel 工具：制作可视化的数据图表

3.1　使用图表：让数据分析更加直观易懂… 46
- 3.1.1　揭开面纱：了解图表基础知识………… 46
- 3.1.2　图表作用：提高效率吃透数据………… 47
- 3.1.3　表现形式：多种类型可供选择………… 47

3.2　美化表格：表格变成好看的数据图表… 48
- 3.2.1　区分数据：借助色阶分色呈现………… 48
- 3.2.2　指定数据：突出设置凸显数据………… 51
- 3.2.3　代表高低：数据条的长短判断………… 52
- 3.2.4　体现特征：图标集可评估数据………… 54

3.3 转换图形：让人快速理解、阅读数据… 56
　3.3.1 条形图：对比数据的好帮手………… 56
　3.3.2 折线图：展现数据变化趋势………… 60
　3.3.3 平均线图：对比之下提供参照……… 63
　3.3.4 饼图：各部分数据的形象对比……… 68

第 4 章　75
头条号：
实时掌握今日头条运营动态

4.1 作品数据：两个部分分别解读 ………… 76
　4.1.1 整体数据：全面把握作品运营情况…… 76
　4.1.2 单篇数据：单独分析寻找优化方法…… 79
4.2 粉丝数据：有效指导吸引目标 ………… 84
　4.2.1 推荐算法：深度解析头条奥秘………… 84
　4.2.2 粉丝概况：判断内容吸粉强度………… 85
　4.2.3 粉丝列表：沟通交流提供渠道………… 88
4.3 收益数据：查看账号收入情况 ………… 89
　4.3.1 整体收益：全面查看各类收入………… 89
　4.3.2 图文创作收益：呈现广告收入………… 91
　4.3.3 视频收益：基础补贴综合收入………… 93
　4.3.4 付费专栏：专栏分销两项收入………… 95
　4.3.5 赞赏收益：查看用户打赏金额………… 96
　4.3.6 更多收益：3 种其他收入查询………… 96

第 5 章 99
大鱼号：帮助自媒体人实现数据驱动

5.1 运营数据：4 大板块精准分析………… 100
  5.1.1 图文数据：提供账号调整依据………… 100
  5.1.2 视频数据：两个部分分析有道………… 103
  5.1.3 图集数据：分析评估优化改善………… 105
  5.1.4 粉丝数据：通过分析找出问题………… 105

5.2 成长体系：更好更快实现晋升………… 106
  5.2.1 大鱼指数：5 个维度衡量原创………… 106
  5.2.2 质量指数：非常关键时刻关注………… 107
  5.2.3 成长等级：了解账号晋升规则………… 108

5.3 信用分数：体现账号健康程度………… 109
  5.3.1 账号信用：查看具体的信用分………… 109
  5.3.2 扣分规则：处罚判定牢记于心………… 110
  5.3.3 修正违规：寻找方法恢复信用………… 112

第 6 章 113
公众号：用数据构建专属私域流量池

6.1 用户数据：绘制精准的用户画像…… 114
  6.1.1 新增人数趋势图：判断宣传效果………… 114
  6.1.2 取消关注人数：一定要重视起来………… 116
  6.1.3 净增人数：对比不同时间推广效果……… 117

6.2 用户画像：用数据了解精准用户 ……117
  6.2.1 了解用户，必须构建用户画像………… 118
  6.2.2 微信公众平台：用户画像数据分析……… 120

6.3 内容分析：找准渠道推送优质内容 124
  6.3.1 单篇群发数据：了解更多详细信息……… 124
  6.3.2 全部群发数据：掌握整体运营情况……… 127

6.4 消息分析：找到用户需求的关键点… 129

6.4.1 消息月报：判断用户的长期积极性……… 129
6.4.2 消息关键词：判断用户的需求模块……… 130

6.5 其他数据分析：纵观全局迎击痛点　132
6.5.1 菜单分析：了解菜单点击数据……… 132
6.5.2 接口分析：检验接口是否理想……… 133
6.5.3 多客服分析：优化多对多功能……… 134
6.5.4 投票管理分析：从目的看结果……… 135
6.5.5 卡券功能分析：评估卡券营销……… 135

第 7 章　137　抖音号：用数据驱动用户和收益增长

7.1 基础数据：全面评估账号运营……… 138
7.1.1 数据概览：大致了解运营情况……… 140
7.1.2 粉丝趋势：查看增量总量变化……… 141
7.1.3 点赞趋势：了解数据变化情况……… 141
7.1.4 评论趋势：判断粉丝的积极性……… 142
7.1.5 评论词云：展示用户评论热词……… 142
7.1.6 近 30 天作品表现：显示点赞评论变化 … 143

7.2 粉丝特征分析：了解粉丝特征……… 144
7.2.1 粉丝画像：展示粉丝分布情况……… 144
7.2.2 粉丝兴趣分布：判断关心程度……… 146
7.2.3 粉丝活跃趋势：选定周期查看……… 146
7.2.4 粉丝重合抖音号：爱你也爱他……… 147

7.3 播主视频：两种数据依次呈现……… 148
7.3.1 数据概览：作品基本数据展示……… 148
7.3.2 视频作品：查看视频数据详情……… 149

7.4 电商数据分析：了解商品详情　……151
7.4.1 上榜趋势图：展示数据排行变化……… 151

7.4.2 商品列表：查看商品相关数据⋯⋯⋯⋯⋯⋯ 151

7.5 直播记录：直播相关数据展示⋯⋯⋯⋯ 152
    7.5.1 数据概览：直播基础信息统计⋯⋯⋯⋯⋯ 152
    7.5.2 直播列表：每场直播信息介绍⋯⋯⋯⋯⋯ 153

7.6 直播带货分析：查看销售情况⋯⋯⋯⋯ 153
    7.6.1 数据概览：直播基础信息统计⋯⋯⋯⋯⋯ 153
    7.6.2 直播热门商品：评估热销情况⋯⋯⋯⋯⋯ 154
    7.6.3 直播观众分析：做好用户画像 ⋯⋯⋯⋯⋯ 155

7.7 直播数据分析：展示各类趋势⋯⋯⋯⋯ 158
    7.7.1 直播频次趋势图：了解直播频率⋯⋯⋯⋯ 158
    7.7.2 观看人数趋势图：查看受众数量⋯⋯⋯⋯ 159
    7.7.3 人数峰值趋势图：查看最高数值⋯⋯⋯⋯ 159
    7.7.4 音浪收入趋势图：掌握收入情况⋯⋯⋯⋯ 160
    7.7.5 粉丝团趋势图：查看直播团人数⋯⋯⋯⋯ 160
    7.7.6 新增粉丝趋势图：增量一目了然⋯⋯⋯⋯ 161

第 8 章 163
快手号：以用户为中心的大数据分析

8.1 作品分析：生产爆款快人一步 ⋯⋯⋯ 164
    8.1.1 近 7 日作品数据：内容数据的统计 ⋯⋯ 165
    8.1.2 作品数据趋势：监控内容数据变化⋯⋯⋯ 166
    8.1.3 作品数据明细：及时调整内容策略⋯⋯⋯ 166

8.2 直播分析：运筹帷幄提高变现 ⋯⋯⋯ 167
    8.2.1 近 7 日直播数据：洞察数据变化情况 ⋯ 167
    8.2.2 直播数据趋势：了解直播行业的大盘⋯⋯ 168
    8.2.3 直播数据明细：全方位分析播主详情⋯⋯ 169

8.3 用户分析：了解账号粉丝组成 ⋯⋯⋯ 169

8.3.1 粉丝数据分析：通过管理加强互动……169
8.3.2 作品受众数据：定位内容精准触达……171
8.3.3 直播受众数据：受众行为具体分析……173

第 9 章 175 视频号：数据分析是内容运营的前提

9.1 微信指数：微信大数据的一个重要指向标……176
  9.1.1 搜索关键词的热度：紧随行业的热门态势……176
  9.1.2 通过指数紧抓潮流：打造有竞争力的内容……178
9.2 搜狗指数：让数据有价值使运营有章可循……179
  9.2.1 搜索热度趋势分析：全网热门事件大搜罗……179
  9.2.2 微信热度趋势分析：快速查看热门短视频……181
  9.2.3 品牌数据价值模型：品牌营销的解决方案……182
9.3 乐观数据：一站式短视频大数据分析平台……184
  9.3.1 创意直击：5 个依据打造内容……186
  9.3.2 电商变现：5 个方面重点把握……190

第 10 章 193 百家号：更全面的分析用户及内容

10.1 内容分析：让内容创作更高效……194
  10.1.1 整体数据：挖掘优质创意内容……194
  10.1.2 单篇数据：找出爆款文章特点……196
10.2 粉丝分析：保持流量红利优势……198
  10.2.1 基础数据：及时调整避免掉粉……198
  10.2.2 粉丝画像：提高账号的精准度……200
10.3 消息分析：高效互动增强黏性……204
  10.3.1 私信数据：挖掘评论里的火热舆情……204
  10.3.2 自动回复数据：舆论采集，深挖评论……206

10.4 收益分析：及时了解账号收入 ……………… 207
　　10.4.1 整体收益：3 类收入一眼看懂 ……………… 207
　　10.4.2 额外收益：查看其他收入数据 ……………… 208

10.5 其他分析：指数信用都很重要 ……………… 209
　　10.5.1 百家号指数：了解账号短板 ……………… 209
　　10.5.2 信用分：保持分数保障权益 ……………… 210

第 11 章　其他平台：助你新媒体运营更高效　213

11.1 新浪微博数据分析：大数据追踪流量趋势 … 214
　　11.1.1 数据概览：纵观各类微博数据 ……………… 214
　　11.1.2 粉丝分析：把握趋势针对营销 ……………… 216
　　11.1.3 博文分析：了解内容营销效果 ……………… 222

11.2 一点号数据分析：生产爆款内容快人一步 … 225
　　11.2.1 内容分析：参照数据评估运营 ……………… 225
　　11.2.2 粉丝分析：根据数据做好画像 ……………… 227

11.3 B 站数据分析：助力账号内容的高效定位 … 230
　　11.3.1 视频数据：洞察趋势关注走势 ……………… 230
　　11.3.2 专栏数据：让流量变现更简单 ……………… 235
　　11.3.3 粉丝数据：记录账号粉丝情况 ……………… 236

第 1 章

分析思路：了解新媒体数据分析方法

无论做什么事，都应该先厘清思路，新媒体数据分析也是如此。

这一章将从数据分析的基础知识出发，为大家讲解做数据分析的理由、步骤和方法，帮助大家快速入门新媒体数据分析。

1.1 为何要做：4个好处助力盈利

对于运营者来说，要想做好一个自媒体品牌，就必须学会用数据说话，数据分析有很多好处，例如获得更多粉丝、更好地进行内容运营、打开热点营销的开关以及增强商业变现效果等，有了这些运营效果后，才能更好地实现盈利。

1.1.1 提升黏性：将你的粉丝牢牢套住

各新媒体平台已经成为时下重要的营销渠道，从微信公众平台开发出的一套数据分析系统就可以看出，对于微信运营者来说，这套数据分析系统能够帮助他们实现更为精准的营销，有效地提高粉丝黏性。

对于微信的运营，众所周知，所有的发展和建设都必须建立在微信粉丝群上，没有足够数量的粉丝群体，再多的努力也是白费。因此，运营者要特别关心用户的动态，了解用户的数量变化是很好的切入点。

平时，运营者可能看不出这些数据的变化，但是当微信平台推出新的计划后，这些用户数量的变化就能起到很好的作用，它能够反应新计划的效果，让运营者能够根据这些数据总结经验，查缺补漏。

微信后台的图文数据分析能够帮助运营者找出内容的不足，从而打造出更吸引粉丝的内容。如果一篇文章不仅阅读量达到了一定的数量，转发量也非常高，那就说明有用户对文章的内容非常感兴趣，当他们将文章转发分享到自己朋友圈的时候，他们的朋友也会看到文章，如果他们的朋友也对文章感兴趣，就很有可能进行多次转载和传播，从而让内容的传播力度更大，传播范围更广。

反之，如果一篇文章的阅读量和转发量都不高，那就说明文章还有很多需要改进的地方。运营者可以通过图文数据来判断用户的喜好情况，然后打造他们欢迎的内容，这样就能提升粉丝的黏性，将粉丝牢牢套住了。

1.1.2 打造爆款：打开热点营销的开关

运营者要想做好账号运营，就必须了解一些找到热点、打开营销渠道的方法，只有发布的内容本身聚集了话题和热点，才能获得用户的关注。而要想获得这些热点，就必须结合各平台的数据排行榜来分析，这也是数据分析的第二个好处：打开热点营销的开关。运营者可以重点做好下面3个方面的分析。

（1）百度指数分析趋势

百度指数是互联网时代最重要的数据分享平台之一，该平台是基于百度用户行为数据建立起来的，通过该平台，新媒体运营者能够了解某个热点的火热程度。

如果运营者想要了解某个热点的火热程度，在百度指数查询栏里输入热点关键词即可。图1-1为热门电视剧《隐秘的角落》的搜索指数趋势图。

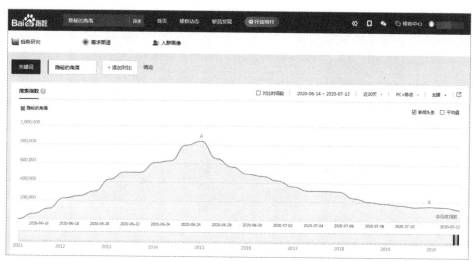

图1-1 《隐秘的角落》的搜索指数趋势图

如果运营者遇到好几个同类的热点，不知道哪个热点更受关注，可以在热点关键词后面添加对比词，查看哪一个热点的关注指数更好一些。总结来说，运营者通过百度指数可以了解5个方面的信息，如图1-2所示。

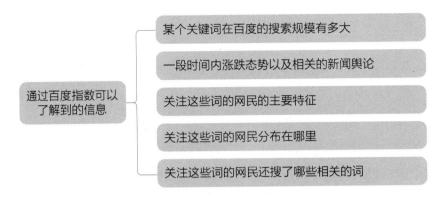

图1-2 通过百度指数可以了解到的信息

（2）微博热门话题分析热门

微博上的热门话题向人们展示了微博关注度比较高的热门事件。运营者可以单击"热门话题"板块的"查看更多"按钮，如图1-3所示，即可进入"热门话题"界面，查看微博当前热门话题排行情况。

图1-3 单击"查看更多"按钮

运营者可以根据自己平台运营的方向，找到自己关注的领域的话题，然后将这个话题嵌入自己推送的内容中，以此提高用户对内容的关注度和查看欲望。

（3）阿里指数分析产品

对于电商类或者以销售产品为主的新媒体运营者来说，关注市场行情是很有必要的,要了解商品行情,知道什么最好卖。运营者可以通过阿里指数来查看商品销售情况。运营者可以进入阿里指数官网首页,选择"阿里排行"选项,如图1-4所示。操作完成后,进入"阿里排行"界面,单击"产品排行榜"按钮,可查看某类产品(如女装)的销售排行情况,如图1-5所示。

图1-4 选择"阿里排行"选项

图1-5 单击"产品排行榜"按钮

另外,如果运营者要查看其他类别的产品排行情况,也可以单击"女装"后方的图标,在弹出的列表框中选择需要查看的产品类别,如图1-6所示。

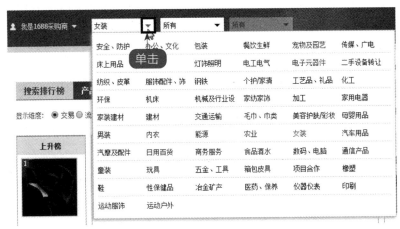

图1-6 弹出产品类别列表框

除了分析产品销售排行情况，运营者还可以对产品的如下数据进行分析，并根据分析选择更适合自己销售的产品。

① 搜索上升榜。
② 产品热搜榜。
③ 产品转化率榜。
④ 产品新词榜。
⑤ 产品流量获取榜等。

1.1.3 找准方向：对内容有更好的把握

进行数据分析的第三个好处，是运营者能够对平台的内容有一个更好的把握。对于新手运营者来说，进行平台内容运营时，可以通过数据的综合分析得知哪些内容更受用户欢迎。

比如，可以查看平台当前的热门内容，了解用户关注的是哪方面的内容；可以通过数据的分析对比，了解自己发布的两条内容中哪一条更受用户欢迎。

1.1.4 获得盈利：实现最终的商业变现

对于新媒体运营者来说，运营的最终目的是赚取利润。运营账号是一个耗费时间和精力的工作，如果没有利润，谁愿意耗费那么多的时间和精力去运营这样一个平台呢？正是因为它隐藏着的巨大潜力，才会让那么多的运营者加入其中，试图占据一席之地。

新媒体运营有很多重要的环节，吸粉引流、打开营销渠道、内容编写都是为商业变现做铺垫的，如果运营者没有优秀的内容、没有足够的粉丝、没有合适的营销渠道，做再多的努力也没有用。

数据分析是实现这些环节的重要前提。没有数据分析，运营者如何了解用户的喜好？怎么打造用户喜欢的内容？没有内容，自然无法吸引用户关注账号，也就无法实现商业变现。因此，数据分析是商业变现的前提，有了科学的数据分析做基础，才能更好地实现商业变现。

1.2 如何来做：5大步骤具体解读

通常来说，新媒体数据分析大致可以分为5个步骤，即明确目的、采集数据、处理数据、分析数据和归纳数据。这一节将对这5个步骤分别进行说明。

1.2.1 明确目的：做数据分析的原因是什么

进行数据分析，首先要做的是明确目的，即为什么要做数据分析。通常来说，新媒体运营者可以从账号近期出现的情况或开展的活动出发，明确数据分析的目的。比如，账号近期出现了粉丝流失严重的现象，新媒体运营者便可以将数据分析的目的明确为寻找粉丝流失的原因；又如，账号近期开展了某项促销活动，新媒体运营者便可以将数据分析的目的明确为评估促销的效果。

1.2.2 采集数据：对相关数据进行挖掘工作

数据分析的目的明确之后，接下来新媒体运营者便可以根据目的来进行数据的采集。通常来说，新媒体数据的采集主要有3种方法，具体如下。

①通过新媒体平台的后台数据统计采集数据。

②通过第三方平台的数据统计采集数据。

③人工手动统计采集数据。

比如，以采集微信公众号的用户数量变化数据为例，运营者可以在后台的"用户增长"中查看近期的用户数量变化数据列表，如图1-7所示。这属于通过平台自有的数据库采集数据。

时间	新关注人数	取消关注人数	净增关注人数	累积关注人数
2020-07-22	50	17	33	73867
2020-07-21	60	14	46	73834
2020-07-20	43	19	24	73788
2020-07-19	38	16	22	73764
2020-07-18	48	30	18	73742
2020-07-17	43	17	26	73724
2020-07-16	53	32	21	73698
2020-07-15	45	25	20	73677
2020-07-14	61	24	37	73657
2020-07-13	33	34	-1	73620
2020-07-12	47	30	17	73621
2020-07-11	50	28	22	73604
2020-07-10	38	18	20	73582
2020-07-09	48	31	17	73562

图1-7 通过平台自有的数据库采集数据

又如，以采集快手号粉丝增量数据为例，运营者通过飞瓜数据平台的"数据分析"界面查看"粉丝趋势"变化图，如图1-8所示。这属于通过第三方平台的数据统计采集数据。

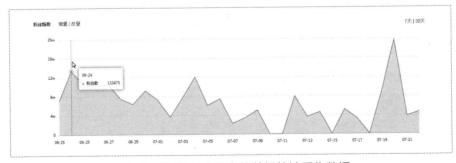

图1-8 通过第三方平台的数据统计采集数据

1.2.3 处理数据：删除与合并组合相关数据

采集数据之后，运营者可以获得一系列的数据。但这些数据中也包含了自己不需要的或者无效的内容。除此之外，光看数据可能不够直观。运营者可以选择需要的数据，并利用Excel绘制成图。

例如，运营者需要直观地把握图1-7中2020年7月16日至22日的新关注人数，可以将新关注人数的数据绘制成图表，如图1-9所示。

图1-9 将数据绘制成图表

1.2.4 分析数据：评估是否达到预期的目标

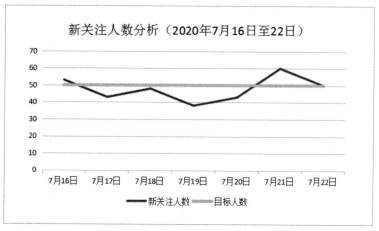

图1-10 对数据进行评估

对数据进行处理之后,接下来可以针对数据进行分析,评估相关数据是否达到预期目标。

例如,运营者可以在图1-9的基础上,增加一条目标人数线,用以评估2020年7月16日至22日的新关注人数是否达到目标,如图1-10所示。通过该图不难看出,只有7月16日、21日和22日的数据是达到目标的。

1.2.5 归纳数据:定期将数据进行归纳总结

数据分析完成后,运营者便可以将分析结果进行归纳总结。这个步骤可以定期进行,总结特定时间段内的数据。

比如,同样是分析账号的新关注人数,运营者可以每周进行一次,然后每个月进行一次总结,并将3个月的数据进行总结,进行每个季度的数据总结。以此类推,还可以将数据归纳总结,进行半年、全年的数据分析。

1.3 怎样分析:8种方法选择运用

在进行新媒体数据分析的过程中,方法的运用很重要。不同的分析方法适用于不同的情况,这一节就提供8种方法,大家可以根据自身情况自主选择。

1.3.1 直接评判法:根据自身的经验评估

直接评判法,简单理解就是运营者根据自身的经验对数据进行分析和评估。通常来说,利用直接评判法来分析数据要满足如下两个条件。

①运营者自身拥有丰富的经验,能够正确分析和评估数据。

②用于分析的数据要足够直接,可以直观地评判数据的优劣。

图1-11为某新媒体账号2020年7月1日至15日的用户变化情况。可以看到该账号的净增关注人数除了2020年7月5日和7日之外,其他时间的数值都为正

数，且随后几天的数值也比较小。

用户变化情况（2020年7月1日至15日）				
时间	新关注人数	取消关注人数	净增关注人数	累积关注人数
2020/7/1	89	47	42	71629
2020/7/2	82	89	42	71671
2020/7/3	51	24	27	71698
2020/7/4	101	59	42	71740
2020/7/5	28	43	-15	71725
2020/7/6	29	26	3	71728
2020/7/7	30	31	-1	71727
2020/7/8	39	21	18	71745
2020/7/9	34	18	16	71761
2020/7/10	47	18	19	71780
2020/7/11	98	19	79	71859
2020/7/12	120	24	96	71955
2020/7/13	76	19	57	72012
2020/7/14	61	26	35	72047
2020/7/15	83	18	65	72112

图1-11 某新媒体账号2020年7月1日至15日的用户变化情况

此时，运营者便可以根据自身的经验对数据进行评估。如果该新媒体账号的净增关注人数基本上都为正数，且绝大多数时间的数值都超过了30，就可以利用直接评判法，判断2020年7月5日和7日该账号的运营数据出现了异常。对此，运营者可以对该时间段的运营情况进行分析，寻找导致数据异常的原因。

1.3.2 对比分析法：把客观事物加以比较

对比分析法，顾名思义就是通过不同对象的比较分析，了解彼此之间的差距，从而判断运营的效果。在数据分析的过程中，比较常见的是对两组数据进行横向和纵向对比。横向对比是指对同一时间内不同对象进行对比；纵向对比是指对不同时间段的同一对象进行对比。

图1-12为同一时间内两个账号的净增关注人数对比图，该图属于横向对比。从该图中不难看出，账号B在2020年7月1日至10日的净增关注人数普遍要比账号A高一些。

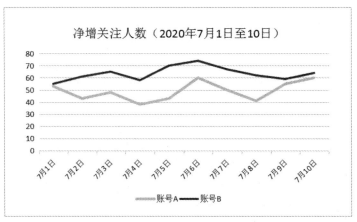

图1-12 横向对比分析

图1-13为不同时间段内（2020年6月、7月）同一账号的净增关注人数对比图，该图属于纵向对比。从该图中可以看出，该账号7月的净增关注人数明显要多于6月。

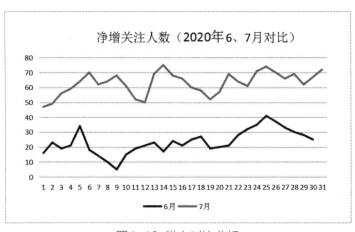

图1-13 纵向对比分析

1.3.3 分组分析法：查明平均汇总的内容

分组分析法，就是通过对分析对象进行分组，然后对各组别的数据进行分析和评估的一种方法。需要特别注意的是，利用这种方法进行数据分析时，分组要明确，数据既不能出现交叉，也不能出现遗漏。

图1-14为某账号粉丝的星座分布图。该图中根据账号粉丝所属的星座进

行分组，然后对各星座粉丝的占比情况进行呈现。这属于典型的分组分析。

图1-14 分组分析

1.3.4 结构分析法：计算组成部分的比重

结构分析法，简单理解就是将各部分与总体进行比较，呈现各部分所占比例的一种方法。图1-15为某新媒体账号的年龄分布图，该图便是利用结构分析法来对数据进行呈现。

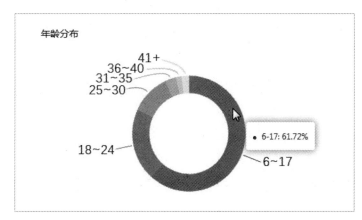

图1-15 结构分析

1.3.5 平均分析法：说明事物的发展趋势

平均分析法是通过平均数值来衡量具体数值与平均数值的关系的一种方法。常见的平均数值包括算术平均值、几何平均值和对数平均值。因为平均数值是数据的均值，所以，通常来说，具体数值会在平均数值附近移动。因此，平均数值便能从一定程度上预测数据接下来的发展趋势。

图1-16为一张净增关注人数分析图。可以看到该图中通过与算数平均值的对比，分析该新媒体（2020年）7月净增关注人数的数值表现。很显然，这是利用平均分析法进行的一种数据分析。

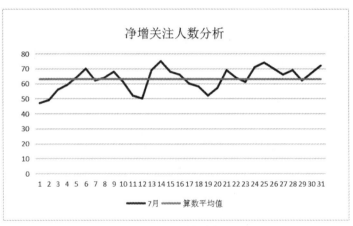

图1-16 平均分析

1.3.6 矩阵分析法：准确整理和分析结果

矩阵分析法就是将两个指标作为横坐标和纵坐标，将坐标轴分为4个象限，从而让新媒体运营者直观把握数据在这两个指标中的表现，并在对数据进行评估的基础上，寻找解决方案。

举个简单的例子，我们可以根据重要性和急迫性对将要做的事情进行分类，然后根据自身情况确定做这些事情的先后顺序。具体来说，可以先将重要性和迫切性作为横坐标和纵坐标，将坐标轴分为4个象限，也就是将要做的事情分为重要且紧迫、不重要但紧迫、不重要不紧迫和重要但不紧迫4个类别。

分类确定之后，运营者便可以根据自身需求确定做事情的先后顺序。如果运营者要尽可能将事情全部完成,便可将紧迫性作为第一指标来对做各类事情的先后顺序进行排序,并在坐标轴上标上序号,让先后顺序更加直观,如图1-17所示。

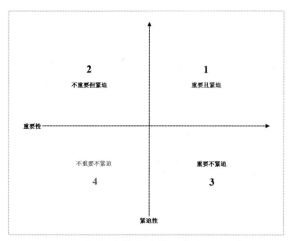

图1-17 将紧迫性作为第一指标进行排序

同样的,运营者如果想先将重要的事情做完,可以将重要性作为第一指标来进行排序,如图1-18所示。参照同样的方法,运营者可以借助两个指标对数据的重要性进行排序,直观了解哪些数据对自己来说更重要。

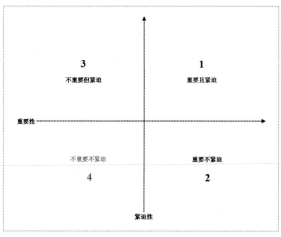

图1-18 将重要性作为第一指标进行排序

1.3.7 漏斗分析法：筛选出最关键的因素

漏斗分析就是利用一张漏斗图对多种数据依次进行呈现。通常来说，最重要的数据放在漏斗图的最下方。图1-19为一张漏斗分析图。在该图中，运营者认为比较重要的数据是支付成功的数据。

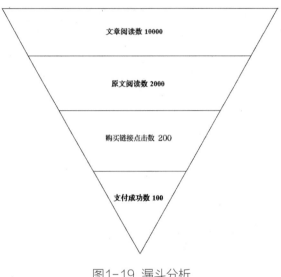

图1-19 漏斗分析

漏斗分析法是分析数据重要程度的一种有效方法。运营者绘制漏斗分析图的过程，便是在心中对数据的重要程度进行排序。漏斗分析图绘制完成后，运营者觉得最重要的数据便会出现在漏斗图的最下方。因此，漏斗分析法也被认为是筛选关键数据的一种便捷方法。

1.3.8 雷达分析法：快速找出薄弱的环节

雷达分析是通过一张图对各类数据进行直观呈现，并在此基础上对数据进行对比分析。与其他分析法相比，雷达分析法的优势在于可以同时比较多个数据的数值，从中找出数值相对较低的数据。通常来说，如果一个数据相对较低，那么，该数据便是有待提高的。因此，雷达分析法常被用来寻找运营过程中的薄弱环节。

雷达分析法常见于百家号和大鱼号等平台的数据分析。图1-20为某百家号的百家指数图，其利用的便是雷达分析法。

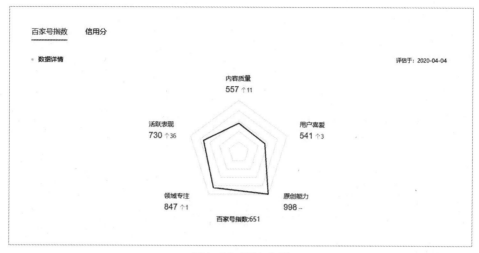

图1-20 雷达分析

第 2 章

常用工具：
4 大新媒体运营
必备工具

在做新媒体数据分析的过程中，运营者要学会使用各种工具做好分析工作。可用于进行新媒体运营和数据分析的工具有很多，这一章选择其中的 4 种必备工具重点进行解读。

2.1 新榜平台：提供综合性内容产业服务

新榜平台是一个综合型的内容产业服务平台。在该平台，运营者可以输入账号ID、名称查看微信公众号、抖音号和快手号的"榜单数据""发布规律"等相关数据。图2-1为新榜的首页界面。

图2-1 新榜的首页界面

2.1.1 榜单数据：日榜周榜皆可查看

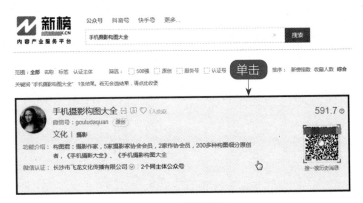

图2-2 搜索账号

运营者在新榜首页的搜索栏中输入账号ID、名称之后,可以搜索对应的账号,如图2-2所示。

运营者只需从搜索结果中单击需要查看数据的账号所在的区域,便可进入该账号的"榜单数据"界面。进入"榜单数据"界面之后,运营者首先看到的是"榜单排行"页面。运营者可以在该页面查看"日榜"或"周榜"的基本数据和"新榜指数变化"情况。图2-3为某微信公众号的"榜单排行"页面。

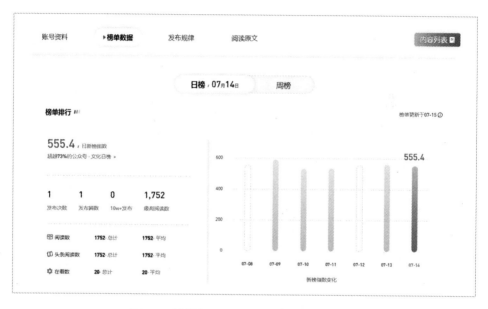

图2-3 某微信公众号的"榜单排行"页面

"榜单排行"页面的下方是"历史排名"和"排名和发布趋势"。"历史排行"页面中,对最近30天的最高指数和最高日排名情况进行了展示;而"排名和发布趋势"页面中,对对应日期发布的内容篇数和排名情况进行了展示。图2-4为某微信公众号的"历史排名"和"排名和发布趋势"页面。

"历史排名"和"排名和发布趋势"的下方是"数据表现"。"数据表现"页面中,对账号"总阅读数""平均阅读数""最高阅读数""总在看数""平均在看数"的相关数据进行了展示。图2-5为某微信公众号的"数据表现"页面。

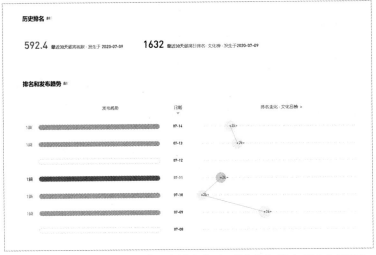

图2-4 某微信公众号的"历史排名"和"排名和发布趋势"页面

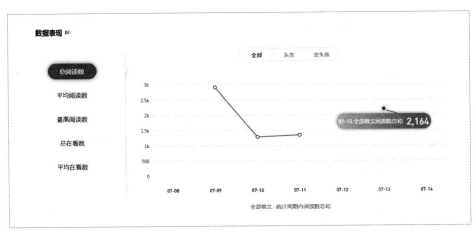

图2-5 某微信公众号的"数据表现"页面

2.1.2 发布规律：了解自身发文习惯

运营者单击"榜单数据"界面中的"发布规律"按钮，可进入"发布规律"界面。进入"发布规律"界面之后，首先看到的是"发布频次"页面。"发布频次"页面中，对近30天内发布的"总推文""平均每次推文""推送次数""日均推送"这些数据进行了展示。图2-6为某微信公众号的"发布频次"页面。

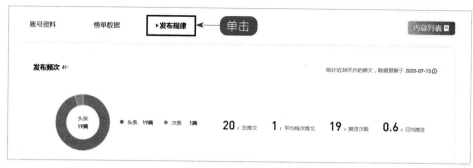

图2-6 某微信公众号的"发布频次"页面

"发布频次"的下方是"头条阅读数分布"。"头条阅读数分布"页面中，根据阅读数所属的范围将推文分成了3个类别，当运营者将鼠标停留在对应阅读数所属范围时，还会显示该阅读数所属范围内推文的数量及其对应的推文标题。图2-7为某微信公众号的"头条阅读数分布"页面。

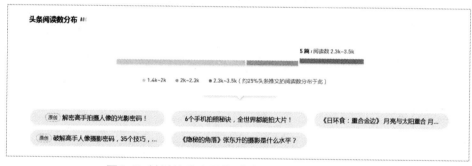

图2-7 某微信公众号的"头条阅读数分布"页面

"头条阅读数分布"的下方是"发布趋势"。"发布趋势"页面中，对近30天内各时间段发布推文的数量进行了统计，还展示了推文的"常见发布时段"。图2-8为某微信公众号的"发布趋势"页面。

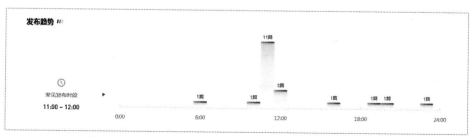

图2-8 某微信公众号的"发布趋势"页面

"发布趋势"的下方是"内容创作"。"内容创作"页面中,对近30天内发布的原创推文篇数和占比,以及推文的赞赏次数和曝光量进行了展示。图2-9为某微信公众号的"内容创作"页面。

图2-9 某微信公众号的"内容创作"页面

"内容创作"的下方是"互动留言"。"互动留言"页面中,对推文的"含留言篇数""留言总条数""作者回复率"这些数据进行了展示。图2-10为某微信公众号的"互动留言"页面。

图2-10 某微信公众号的"互动留言"页面

2.2 清博指数:一键查询账号和内容数据

清博指数是国内基于大数据的舆情报告和软件供应商之一,该平台为新媒体运营者提供了多种榜单数据,如"微信榜单""微博榜单""头条榜单"等。除此之外,运营者还可以通过该平台查看微信公众号的文章和账号数据。图

2-11为清博指数的首页界面。

图2-11 清博指数的首页界面

运营者可以在搜索栏中输入微信公众号的名称，查看对应微信公众号的数据。图2-12为搜索"十点读书"的结果。运营者只需单击搜索结果中对应微信公众号的头像或名字，便可进入该微信公众号的数据详情界面，查看相关数据。

图2-12 搜索"十点读书"的结果

2.2.1 昨日数据：前一日数据直观呈现

进入微信公众号的数据详情界面，运营者首先看到的是昨日数据页面。该页面中对"总阅读量""头条总阅读量""排名""在看数""平均阅读量""WCI（微信传播指数）"数据进行了展示。图2-13为某微信公众号的昨日数据页面。

图2-13 某微信公众号的昨日数据页面

2.2.2 近7天数据：了解一周变化情况

昨日数据的下方是"近7天账号数据趋势图"，运营者可以查看近7日"总阅读数""头条阅读数""平均阅读数""在看数""总排名""分类排名""WCI"的数据变化情况。图2-14为某微信公众号的"近7天账号数据趋势图"页面。

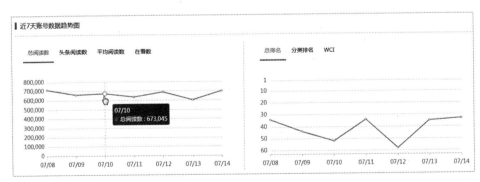

图2-14 某微信公众号的"近7天账号数据趋势图"页面

2.2.3 近30天数据：展现一月发布情况

"近7天账号数据趋势图"的下方是"近30天文章发布数据"，运营者可以查看近30天"24小时发布习惯""工作日/周末发布习惯"的相关数据。图2-15为某微信公众号的"近30天文章发布数据"页面。

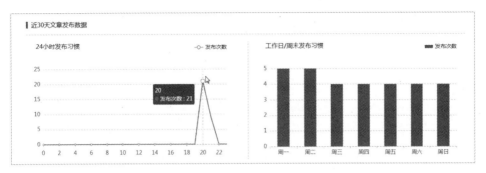

图2-15 某微信公众号的"近30天文章发布数据"页面

2.2.4 近30天热文：查看爆文

"近30天文章发布数据"的下方是"近30天热文TOP10"，运营者可以查看"最新""阅读数""在看数""点赞数"最多的10篇文章的相关数据。图2-16为某微信公众号的"近30天热文TOP10"页面。

图2-16 某微信公众号的"近30天热文TOP10"页面

2.3 神策数据：多维度实时分析运营数据

神策数据是为新媒体运营者推出的一种深度分析用户行为的产品，它可以通过全端数据采集和建模构建用户数据体系，从而让用户数据发挥更大的作用。图2-17为神策数据的运营模式。

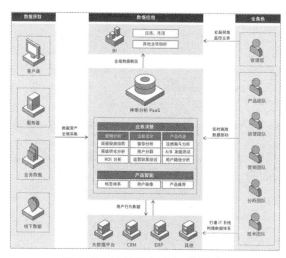

图2-17 神策数据的运营模式

2.3.1 为何选它：4个方面优势明显

相比于其他数据平台，神策数据的优势主要体现在4个方面，具体如图2-18所示。

（1）可私有化部署

考虑到客户对于自身数据的安全和隐私的顾虑，神策数据的分析技术在选型时便将私有化部署作为产品的核心设计理念。也正是因为如此，运营者可以放心地在该平台积累用户数据，并对数据进行深度研究和开发。

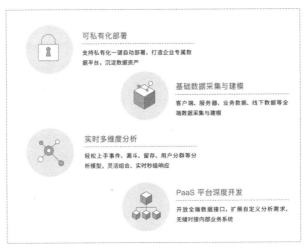

图2-18 神策数据的主要优势

（2）基础数据采集与建模

随着互联网和通讯技术的发展，用户可以通过iOS、Android、Web、H5和小程序等多个渠道进入同一个产品。针对这一点，神策数据采用全端数据采集的方式，将各渠道的用户数据打通，并在此基础上建模，从而让数据的采集更加全面，分析结果更加准确。

（3）实时多维度分析

神策数据通过漏斗分析、留存分析和分布分析等多种方法，对用户数据进行实时的多维度分析。这可以让运营者快速上手用户数据分析，全面掌握用户数据分析方法。

（4）PaaS平台深度开发

PaaS是Platform as a Service的缩写，译为平台即服务。PaaS平台主要是将应用服务的运行和开发环境作为服务提供给客户。

神策数据对PaaS平台的深度开发可以满足运营者对数据分析的不同要求。如果运营者需要的是标准的数据分析需求，只需将神策数据中的分析拿过去直接用便可；如果运营者需要对数据有个性化需求，也可以使用神策数据中的数据接口，或者对产品功能进行二次开发，获得需要的数据分析内容。

2.3.2 能做什么：4种工作皆可运用

通过神策数据的分析，运营者可以做好4个方面的工作，即产品优化、精细化运营、市场营销和数据采集。

（1）产品优化

产品的用户体验与用户的转化和留存紧密相关，因此，新媒体产品规划者都会比较重视产品的优化。而借助神策数据，新媒体产品规划者可以通过需求分析、产品迭代和效果验证，优化产品、提升产品用户体验，如图2-19所示。

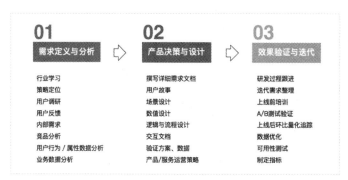

图2-19 借助神策数据进行产品优化

（2）精细化运营

对于运营者来说，用户的活跃和留存无疑是运营的核心。而借助神策数据的分析，则可以更好地进行用户的精细化运营，从而提高用户的忠诚度和账号的变现能力，如图2-20所示。

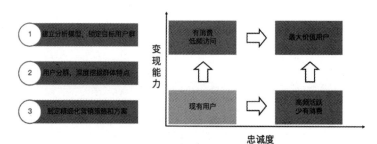

图2-20 借助神策数据进行精细化运营

(3) 市场营销

许多新媒体之所以要做新媒体平台的运营，就是想通过运营进行拉新和渠道投放。而借助神策数据的分析，可以提升市场营销的效果，对流量拉新和渠道投放进行评估和优化，如图2-21所示。

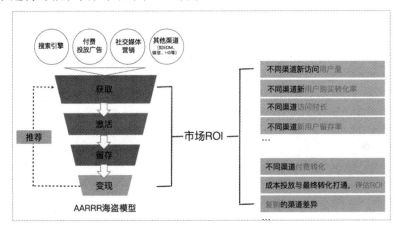

图2-21 借助神策数据进行市场营销

(4) 数据采集

在进行新媒体数据分析的过程中，数据的采集是非常关键的一环。而借助神策数据的分析，运营者及相关技术人员可以获得全端的数据采集方案，如图2-22所示。

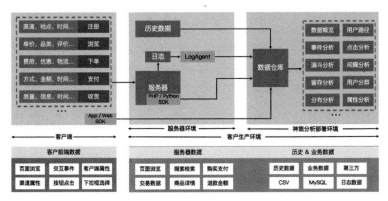

图2-22 借助神策数据进行数据采集

2.3.3 解决问题：6个方面都有方案

作为一个优质的数据分析平台，神策数据为查看新客数量和比重、查看用户的核心流程转化率、多维度分析用户支付行为、分析各渠道用户活跃情况、获得流失用户数据和名单以及全面监控获客的数量和质量等提供了解决方案。

（1）查看新客数量和比重

在神策数据平台中，运营者可以查看各渠道的新客数量和比重，并结合自身的投入成本计算ROI（Return on Investment的缩写，投资回报率）。

例如，运营者可以按广告系列来源，查看激活App的触发用户数，如图2-23所示。又如，运营者可以按广告系列来源，查看各平台激活App触发用户数的占比情况，如图2-24所示。

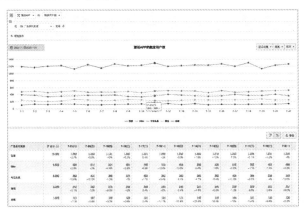

图2-23 查看激活App的触发用户数

图2-24 查看各平台激活App触发用户数的占比情况

（2）查看用户的核心流程转化率

通过查看神策数据中用户的核心流程转化率，运营者可以了解各步骤的用户转化率，并从中寻找提升整体转化率的方法。例如，运营者可以在神策数据平台中利用漏斗分析，按广告系列来源查看核心流程的转化率，如图2-25所示。

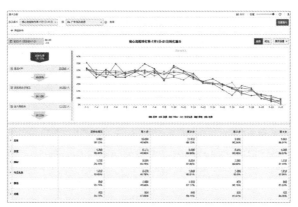

图2-25 查看核心流程的转化率

（3）多维度分析用户支付行为

对于利用新媒体账号进行变现的运营者来说，用户支付行为无疑是必须要关注的一个重点。对此，运营者可以通过神策数据平台，对用户支付行为进行多维度的分析。例如，运营者可以按广告系列来源查看激活App的支付订单情况，如图2-26所示。

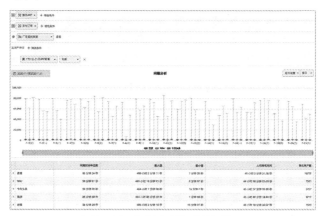

图2-26 查看支付订单情况

除此之外，运营者还可查看新客支付金额总和分布（图2-27），以及新客支付金额均值分布（图2-28）。

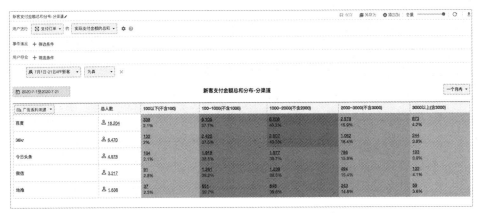

图2-27 查看新客支付金额总和分布

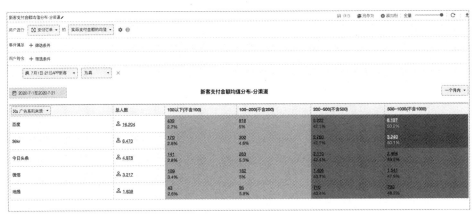

图2-28 查看新客支付金额均值分布

（4）分析各渠道用户活跃情况

用户活跃情况是评判新媒体账号运营情况的重要依据之一，借助神策数据的分析，运营者可以快速了解各渠道用户的活跃程度，甚至还可以查看用户支付订单发生的频率。

例如，运营者可以对广告系列来源的新客留存情况进行分析，如图2-29所示。又如，运营者可以对广告系列来源的新客提交订单活跃情况进行分析，如图2-30所示。

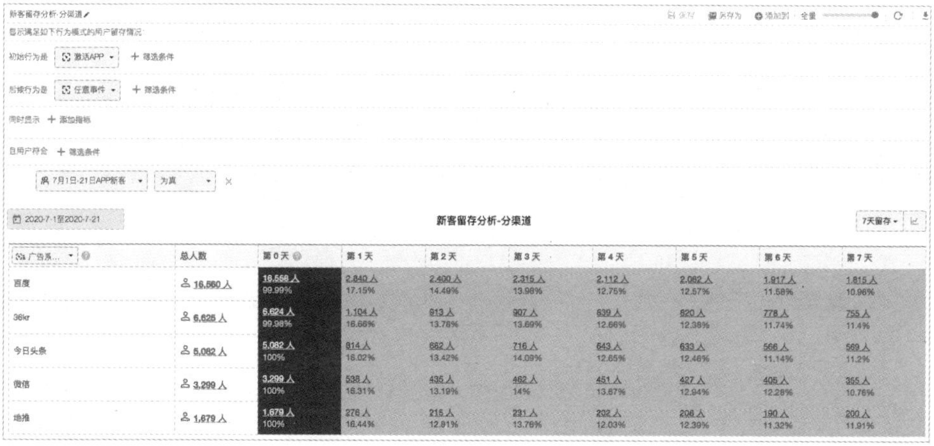

图2-29 分析新客留存情况

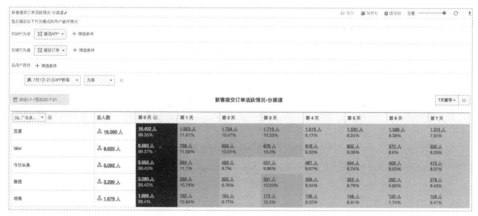

图2-30 分析新客提交订单活跃情况

（5）获得流失用户数据和名单

在新媒体平台的运营过程中，难免会出现用户流失的情况。而借助神策数据的分析，运营者不仅可以获得流失用户的数据和名单，还可以将特定的用户设备同步到极光或小米，对用户进行App内的精准推送，从而让流失的用户重新进入新媒体平台，查看相关信息。

例如，运营者可以通过神策数据平台的漏斗分析，创建支付流失用户分群，了解账号流失的用户情况，如图2-31所示。又如，运营者可以查看特定用户群的行为序列，对用户提交订单之后的行为进行人工标注，从而推测用户未及时进行支付的原因，如图2-32所示。

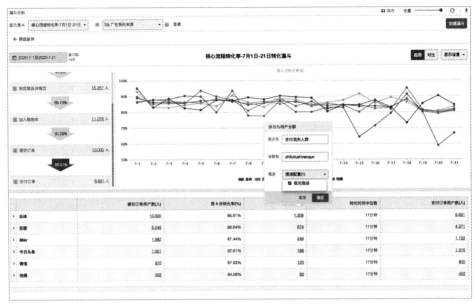

图2-31 创建支付流失用户分群

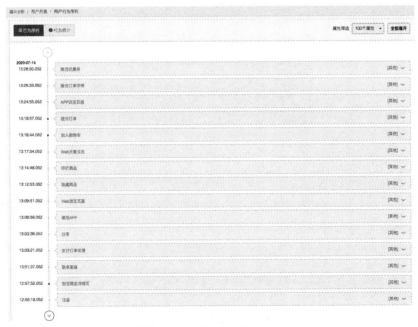

图2-32 查看用户行为序列

（6）全面监控获客的数量和质量

新媒体平台的获客数量和质量是评估运营水平的重要依据，也是运营者必须及时把握的内容。对此，运营者可以通过神策数据的分析，对新媒体平台的获客数量和质量进行全面监控。

例如，运营者可以按广告系列来源对激活App的总次数进行监控，如图2-33所示。又如，运营者可以通过神策数据的"渠道看板"，查看各渠道的核心流程转化率转化漏斗数据，如图2-34所示。

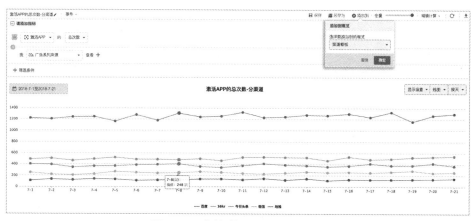

图2-33 监控激活App的总次数

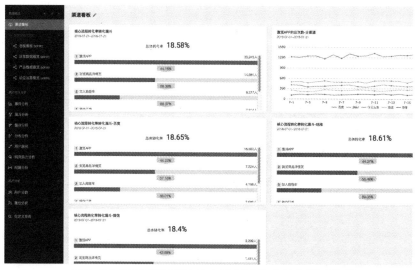

图2-34 查看各渠道的核心流程转化率转化漏斗数据

2.4 百度指数：网民行搜索关键词的产物

百度指数是网民在百度搜索中搜索关键词的产物，它能反映关键词在过去30天内的用户关注度、用户搜索习惯等方面的内容，还可以自定义时间查询。

通过查看百度指数中关键词的"趋势研究""需求图谱""人群画像"，运营者可以了解关键词的热门程度，同时也能了解搜索该关键词的人群特征。这样一来，运营者便可以结合关键词打造相关话题，从而更好地吸引目标人群的关注，提升内容的营销效果。

2.4.1 趋势研究：查看关键词的变化趋势

运营者在百度指数首页界面输入关键词，单击搜索栏右侧的"开始探索"按钮，便可进入关键词的"趋势研究"界面。

进入关键词的"趋势研究"界面之后，运营者首先看到的就是"搜索指数"页面。"搜索指数"中包含两个方面的内容，一是关键词近30天的搜索指数变化情况；二是关键词的"整体日均值""移动日均值""整体同比""整体环比""移动同比""移动环比"等"搜索指数"的数值。图2-35为关键词"乘风破浪的姐姐"的"搜索指数"页面。

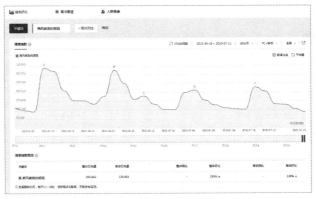

图2-35 关键词"乘风破浪的姐姐"的"搜索指数"页面

"搜索指数"的下方是"资讯关注"。在"资讯关注"中,运营者可以查看"资讯指数"和"媒体指数"的相关数据。

"资讯指数"页面中,对"资讯指数"的数值变化和"日均值""同比""环比"等"资讯指数"的数值进行了展示。图2-36为关键词"乘风破浪的姐姐"的"资讯指数"页面。

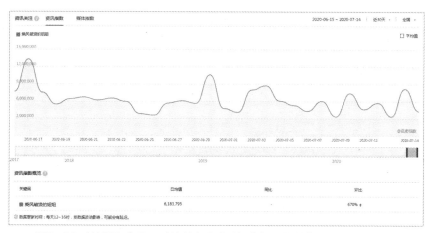

图2-36 关键词"乘风破浪的姐姐"的"资讯指数"页面

运营者单击"资讯指数"页面的"媒体指数"按钮,则可进入"媒体指数"页面,查看"媒体指数"的相关数据。具体来说,"媒体指数"页面中,对关键词的新闻头条数量变化和"日均值""同比""环比"等"媒体指数"的数值进行了展示。图2-37为关键词"乘风破浪的姐姐"的"媒体指数"页面。

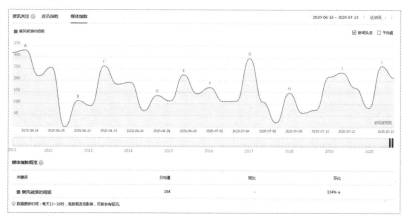

图2-37 关键词"乘风破浪的姐姐"的"媒体指数"页面

2.4.2 需求图谱：了解关注关键词的人群

运营者单击"趋势研究"界面的"需求图谱"按钮，便可进入"需求图谱"界面，查看关键词的"需求图谱"和"相关词热度"。"需求图谱"中，通过一张图对与关键词相关的词汇的搜索指数高低和搜索趋势进行了展示。图2-38为关键词"乘风破浪的姐姐"的"需求图谱"页面。

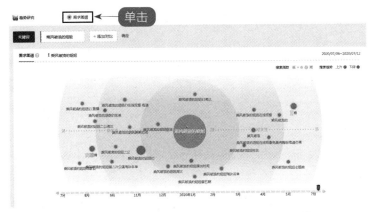

图2-38 关键词"乘风破浪的姐姐"的"需求图谱"页面

"相关词热度"中，分别对相关词的"搜索热度"和"搜索变化率"进行了展示。图2-39为关键词"乘风破浪的姐姐"的"相关词热度"页面。

图2-39 关键词"乘风破浪的姐姐"的"相关词热度"页面

2.4.3 人群画像：掌握核心用户主要特性

运营者单击"需求图谱"界面的"人群画像"按钮，可进入"人群画像"

界面查看关键词的人群画像数据。具体来说,进入"人群画像"界面之后,运营者首先看到的就是关键词的"地域分布"。

"地域分布"包含两方面的内容:一是用一张地图来表示国内各省份该关键词的搜索指数高低;二是各地搜索指数的排行图。在各地搜索指数的排行图中,运营者可以选择"省份""区域"或"城市"查询具体排行。图2-40为"乘风破浪的姐姐"各省份和各城市的搜索指数排行图。

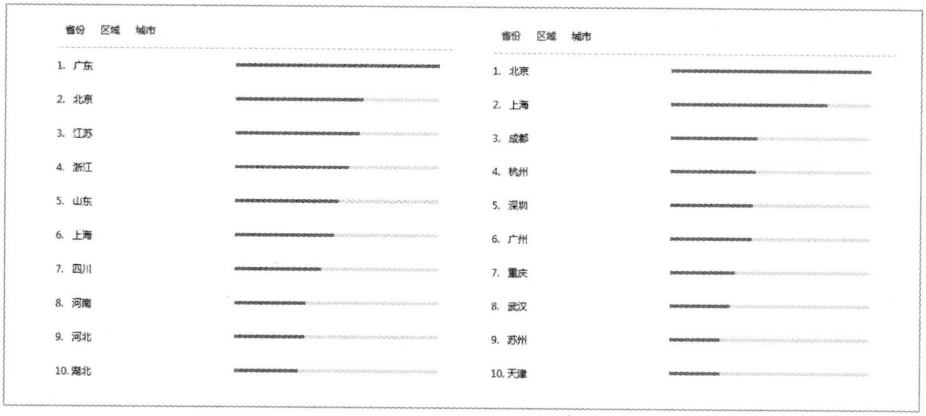

图2-40 各省份和各城市的搜索指数排行图

"地域分布"的下方是"人群属性"。"人群属性"页面会对关注该关键词的用户的"年龄分布"和"性别分布"情况进行展示。"年龄分布"会对各年龄段用户关注该关键词的占比、全网分布占比和群体目标指数(TGI)进行展示;"性别分布"则会对男性和女性用户关注该关键词的占比、全网分布占比和群体目标指数(TGI)进行展示。图2-41为"乘风破浪的姐姐"的"人群属性"页面。

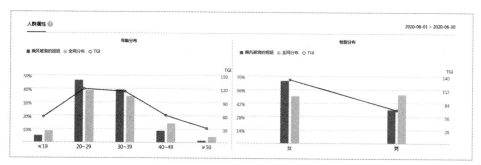

图2-41 "乘风破浪的姐姐"的"人群属性"页面

"人群属性"的下方是"兴趣分布"。"兴趣分布"对各领域的关键词关注度、全网分布人群占比和群体目标指数（TGI）进行了展示。图2-42为"乘风破浪的姐姐"的"兴趣分布"页面。

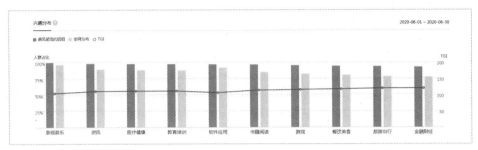

图2-42 "乘风破浪的姐姐"的"兴趣分布"页面

第 3 章

Excel 工具：制作可视化的数据图表

很多时候数据的数值可能不是很直观，尤其是数据比较多的时候，很难对数据进行一一把握。新媒体运营者可以借助 Excel 对数据进行处理，将数据制作成可视化的图表，让数据更加直观。

3.1 使用图表：让数据分析更加直观易懂

运营者在做数据分析工作的时候，在将数据搜集、分类汇总、整理好之后，会需要将图表进行整理，在提交分析报告的时候，可以向企业管理者讲述数据的故事，让数据看起来直观易懂。那么，如何将这些数据进行整理呢？这个时候就可以用图表的形式来绘制表格了。

3.1.1 揭开面纱：了解图表基础知识

图表是指在屏幕中显示的，能够直观地体现出所统计的数据信息属性，在知识挖掘和数据统计上使其看起来直观且感觉舒适的图形结构。

图3-1为某账号的用户增长表格。❶选中表格中的数据；❷单击"插入→全部图标"按钮。接下来会弹出相应的图表类型，如柱形图、折线图、饼图、条形图、面积图等。

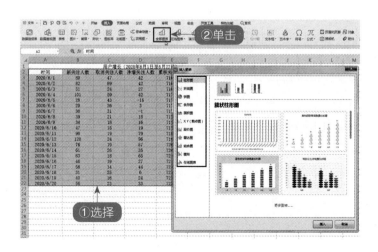

图3-1 图表类型

图表最大的目的就是使数据一目了然，不需要让人过多地揣测其中的意思。合理的数据图表会更直接地反映出与数据间存在的关系,这比一堆数据或者文字来得直接和美观。

3.1.2 图表作用:提高效率吃透数据

数据图表的好处是,通过图形结构呈现出数据间的变化以及特质、规律,能让运营者少用很多时间,提高工作效率。图表主要有4个作用,具体如图3-2所示。

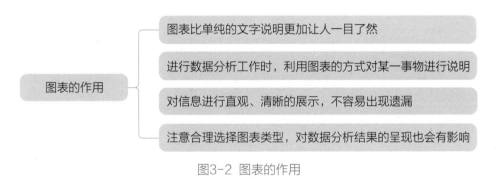

图3-2 图表的作用

制作图表一般也需要一个过程。

①将自己需要的数据搜集好,对数据进行整理和分析。对数据进行整理的目的是了解数据背后的故事,得到更有效的数据,更方便"吃透"数据。

②选择适当的图表类型。

③在图表的基础上进行美化,让它能更好地传递信息。

④结合图表的数据以及实际案例,分析数据中的比例关系以及数据变化趋势,以便运营者做出更好的推断和结论。

3.1.3 表现形式:多种类型可供选择

图表的形式有很多种,常见的有柱形图、饼图、条形图、折线图等。随着科技的进步,图表的类型也越来越丰富多样,可供参考的图表越来越多,运营者可以利用不同的图表类型去制作数据的呈现形式。图3-3为图表的类型及适用情况。

图3-3 图表的类型及适用情况

3.2 美化表格：表格变成好看的数据图表

运营者在进行数据分析工作时，所接触到的表格都非常简单。为了让分析之后的表格变得既美观又便于理解，运营者需要美化表格。

3.2.1 区分数据：借助色阶分色呈现

有时候数据平淡无奇地展示在眼前，人们不一定能一下子感受到数据与数据之间的"分布状态"。因此，运营者还需要通过对比分析好的数据，更好地展示数据之间的关系与区别。

运营者可以利用Excel 2019中的色阶，进行数据展示优化，这样便于阅读，快速发现表格数据中的分布规律。色阶是一种能帮助阅读者快速了解数据的分布、变化的一种美化图解的方式，色阶一般分为"两种颜色的刻度"与"三种颜色的刻度"两种模式，运营者可以根据自己的需求改变颜色及深浅度。

下面就以某账号的用户增长为例，用色阶颜色的深浅表示出学生考试分数的大小，具体操作步骤如下。

步骤01　打开数据表，❶选择需要设置色阶的单元格；❷单击菜单栏中的"开始→条件格式"按钮，如图3-4所示。

图3-4　单击"条件格式"按钮

步骤02　在下拉框中选择"色阶→其他规则"选项，如图3-5所示。

图3-5　选择"其他规则"选项

步骤03 在弹出的"新建格式规则"对话框中，❶选择"基于各自值设置所有单元格的格式"选项；❷在"格式样式"中选择"三色刻度"选项；❸将颜色设置为渐变色；❹单击"确定"按钮，如图3-6所示。

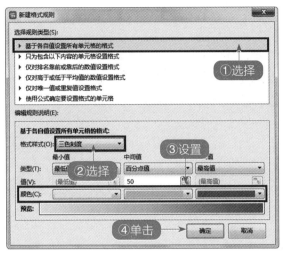

图3-6 "新建格式规则"对话框中

步骤04 色阶设置完成，被选中表格中的数据所在的单元格将显示不同的颜色，如图3-7所示。

	用户增长（2020年6月1日至6月22日）			
时间	新关注人数	取消关注人数	净增关注人数	累积关注人数
2020/6/1	89	47	42	71629
2020/6/2	82	89	42	71671
2020/6/3	51	24	27	71698
2020/6/4	101	59	42	71740
2020/6/5	28	43	-15	71725
2020/6/6	29	26	3	71728
2020/6/7	30	31	-1	71727
2020/6/8	39	21	18	71745
2020/6/9	34	18	16	71761
2020/6/10	47	18	19	71780
2020/6/11	98	19	79	71859
2020/6/12	120	24	96	71955
2020/6/13	76	19	57	72012
2020/6/14	61	26	35	72047
2020/6/15	83	18	65	72112
2020/6/16	46	19	27	72139
2020/6/17	58	14	44	72183
2020/6/18	31	25	6	72189
2020/6/19	40	16	24	72213
2020/6/20	56	23	33	72246

图3-7 色阶设置完成

从图3-7中可以明显看出，2020年6月4日和6月12日该账号的新关注人数相对较多；2020年6月2日和6月4日取消关注的人数较多。运营者可以重点分析这几天新关注人数或取消关注人数较多的原因。

3.2.2 指定数据：突出设置凸显数据

除了设置色阶，运营者还可以在Excel 2019中，使用突出显示单元格规格功能，将重点数据突显出来，使得数据分析更具表现力，具体操作步骤如下。

步骤01 打开数据表，❶选择需要设置突出显示单元格的单元格；❷单击菜单栏中的"开始→条件格式"按钮，如图3-8所示。

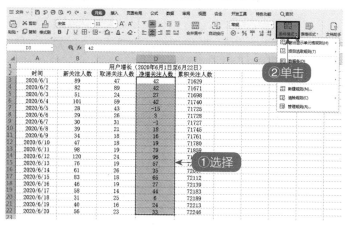

图3-8 单击"条件格式"按钮

步骤02 在弹出的下拉框中选择"突出显示单元格规则→小于"选项，如图3-9所示。

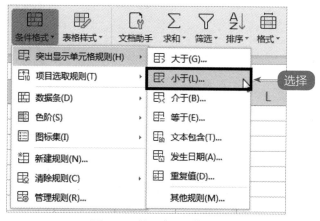

图3-9 选择"小于"选项

步骤03 弹出"小于"对话框,在"为小于以下值的单元格设置格式"文本框中输入数值(如0),并在"设置为"后面单击"三角"按钮,❶选择"浅红填充色深红色文本"选项,❷单击"确定"按钮,如图3-10所示。

图3-10 设置"小于"对话框参数

步骤04 突出显示单元格数据操作完成,表格中小于0的数值所在的单元格的背景颜色将变成红色,如图3-11所示。

	A	B	C	D	E
1			用户增长(2020年6月1日至6月22日)		
2	时间	新关注人数	取消关注人数	净增关注人数	累积关注人数
3	2020/6/1	89	47	42	71629
4	2020/6/2	82	89	42	71671
5	2020/6/3	51	24	27	71698
6	2020/6/4	101	59	42	71740
7	2020/6/5	28	43	-15	71725
8	2020/6/6	29	26	3	71728
9	2020/6/7	30	31	-1	71727
10	2020/6/8	39	21	18	71745
11	2020/6/9	34	18	16	71761
12	2020/6/10	47	18	19	71780
13	2020/6/11	98	19	79	71859
14	2020/6/12	120	24	96	71955
15	2020/6/13	76	19	57	72012
16	2020/6/14	61	26	35	72047
17	2020/6/15	83	18	65	72112
18	2020/6/16	46	19	27	72139
19	2020/6/17	58	14	44	72183
20	2020/6/18	31	25	6	72189
21	2020/6/19	40	16	24	72213
22	2020/6/20	56	23	33	72246

图3-11 突出指定数据操作完成

通过图3-11可以看到,2020年6月5日和6月7日的净增关注人数都小于0,也就是说这两天的粉丝增长为负。运营者需要对这两天的运营情况进行分析,了解自身存在的问题。

3.2.3 代表高低:数据条的长短判断

运营者可以在Excel 2019中使用数据条功能,将表格变得更加有趣、生动。利用条状突显出数据的高低程度，可以帮助阅读者在茫茫数据中找出高值或低值，具体操作步骤如下。

步骤01 打开数据表，❶选择需要设置数据条的单元格；❷单击菜单栏中的"开始→条件格式"按钮，如图3-12所示。

图3-12 单击"条件格式"按钮

步骤02 在弹出的下拉框中选择"数据条→实心填充中的红色数据条"选项，如图3-13所示。

图3-13 选择"红色数据条"选项

步骤03 数据条设置完成后，可以形象生动地体现数据之间的差异，如图3-14所示。

从图3-14可以看出，2020年6月12日该账号的新关注人数最多。运营者可以分析这一天粉丝增加的原因，为运营积累成功的经验。

图3-14 数据条设置完成

3.2.4 体现特征：图标集可评估数据

运营者可以运用Excel 2019中的"图标集"功能，它不仅能监控账号的运营发展趋势，还能让运营者快速了解每一天的数据是否达标。具体来说，运营者可以通过如下步骤使用图标集功能。

步骤01 打开数据表，❶选择需要设置图标集的单元格；❷单击菜单栏中的"开始→条件格式"按钮，如图3-15所示。

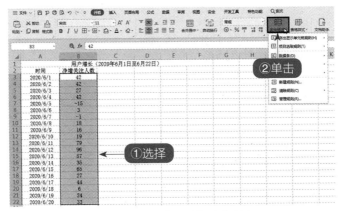

图3-15 单击"条件格式"按钮

步骤02 在弹出的下拉框中选择"图标集→其他规则"选项,如图3-16所示。

图3-16 选择"其他规则"选项

步骤03 根据需求,❶设置"新建格式规则"对话框中的参数;❷单击"确定"按钮,如图3-17所示。

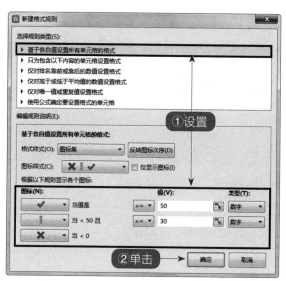

图3-17 设置"新建格式规则"对话框参数

步骤04 图标集完成,可以看到表格中的图标集,如图3-18所示。通过该图中的图标集,运营者能快速把握某一天的净增关注人数是否达标。

图3-18 图标集完成

3.3 转换图形：让人快速理解、阅读数据

枯燥乏味的数字，让阅读者看着很费劲。随着时代的发展，许多人开始将表格与相对应的图进行结合，给阅读者提供了快速理解和阅读数据的契机。这一节就来重点解读几种常见图形的转换方法。

3.3.1 条形图：对比数据的好帮手

条形图常用来进行数据的对比，观察数据之间存在的差异性。运营者在制作条形图时，需要注意3点，如图3-19所示。

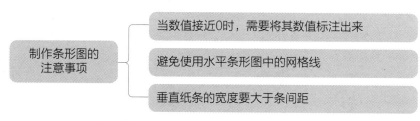

图3-19 制作条形图的注意事项

下面用某新媒体账号中2018年~2019年年度销量数据为例,制作出条形图,从而更好地进行销量的对比,其操作具体如下。

步骤01 打开数据表,❶选择需要制作成条形图单元格内容;❷单击菜单栏中的"插入→全部图表"按钮,如图3-20所示。

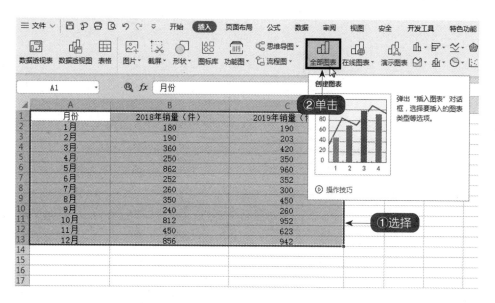

图3-20 单击"全部图表"按钮

步骤02 在弹出的"插入图表"对话框中,❶选择"条形图→簇状条形图"选项;❷单击"插入"按钮,如图3-21所示。

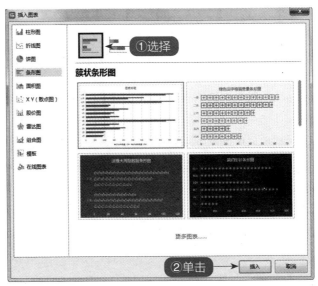

图3-21 单击"插入"按钮

步骤03 操作完成后,条形图的雏形便制作完成了,如图3-22所示。

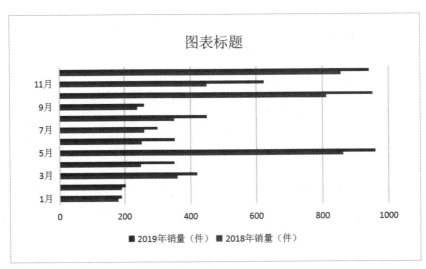

图3-22 条形图的雏形

步骤04 单击"图表标题",输入"2018年～2019年年度销量",如图3-23所示。

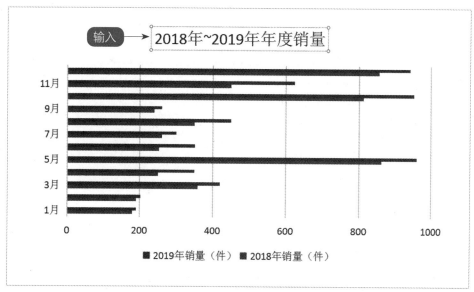

图3-23 输入条形图标题

步骤05 单击条形图,操作完成后右侧会出现一些按钮。❶单击按钮;❷在弹出的下拉栏中取消勾选"网格线"复选框,如图3-24所示。

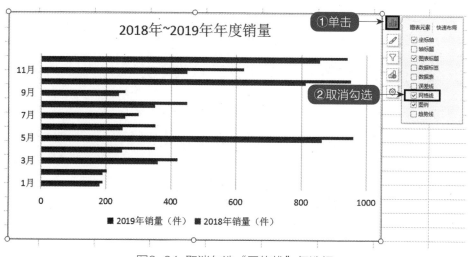

图3-24 取消勾选"网络线"复选框

步骤06 操作完成后,原图中的网格线消失,条形图便制作完成了,如图3-25所示。

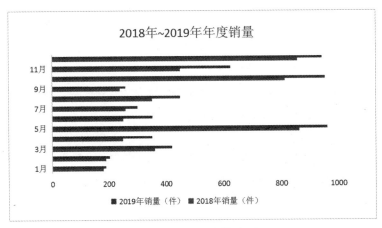

图3-25 条形图制作完成

3.3.2 折线图：展现数据变化趋势

折线图常用来查看随着时间变化的趋势，所以又可以说是蛇形图。图3-26为折线图的概念、作用与注意事项。

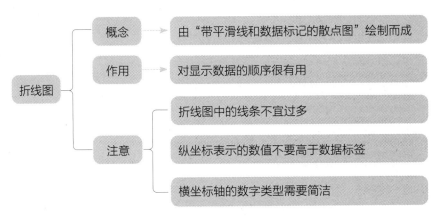

图3-26 折线图的概念、作用和注意事项

运营者可以通过折线图，清楚看到数据在时间上的变化趋势。下面，以某新媒体账号2018年～2019年运营收入为例，讲解绘制折线图的步骤。

步骤01 打开数据表，❶选择需要制作成折线图的单元格内容；❷单击菜单栏中的"插入→全部图表"按钮，如图3-27所示。

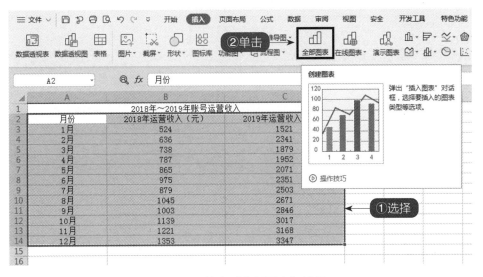

图3-27 单击"全部图表"按钮

步骤02 在弹出的"插入图表"对话框中，❶选择"折线图→堆积折线图"选项；❷单击"插入"按钮，如图3-28所示。

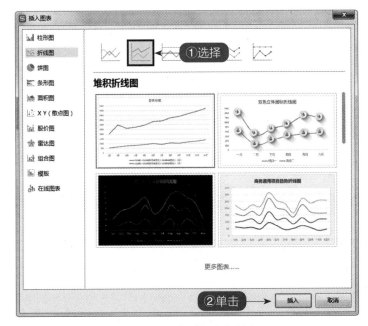

图3-28 单击"插入"按钮

步骤03 操作完成后,折线图的雏形便制作完成了,如图3-29所示。

步骤04 单击"图表标题",输入"2018年～2019年账号运营收入",如图3-30所示。

图3-29 折线图的雏形

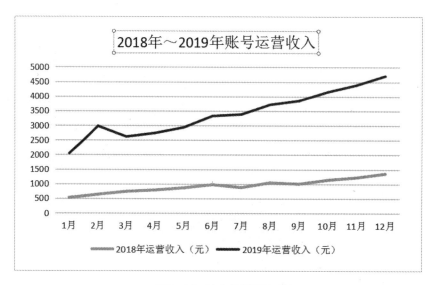

图3-30 输入折线图标题

步骤05 单击折线图,操作完成后右侧会出现一些按钮,❶单击 按钮;❷在弹出的下拉栏中勾选"数据标签"复选框,如图3-31所示。

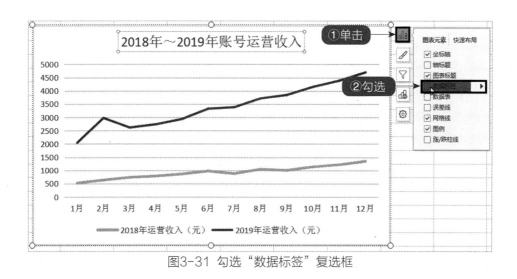

图3-31 勾选"数据标签"复选框

步骤06 操作完成后,原折线图上便会出现具体的数据,折线图便制作完成了,如图3-32所示。

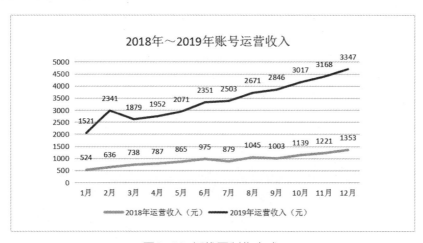

图3-32 折线图制作完成

3.3.3 平均线图:对比之下提供参照

运营者可以运用平均线图,将平均值与数值一同展现到图形中。通过平均值与数值的对比,可以明显感受到哪些数据呈上升趋势。下面就以某新媒体员工的消费数额为例,讲解制作平均线图的具体步骤。

步骤01 打开数据表，❶选择需要计算平均值的单元格，如C3单元格；❷单击菜单栏中的"公式→自动求和"按钮；❸在弹出的下拉列表框中选择"平均值（A）"选项，如图3-33所示。

图3-33 选择"平均值（A）选项"

步骤02 将鼠标放置B3单元格右下角，一直下拉到B12，随后按【Enter】键，计算平均值，如图3-34所示。

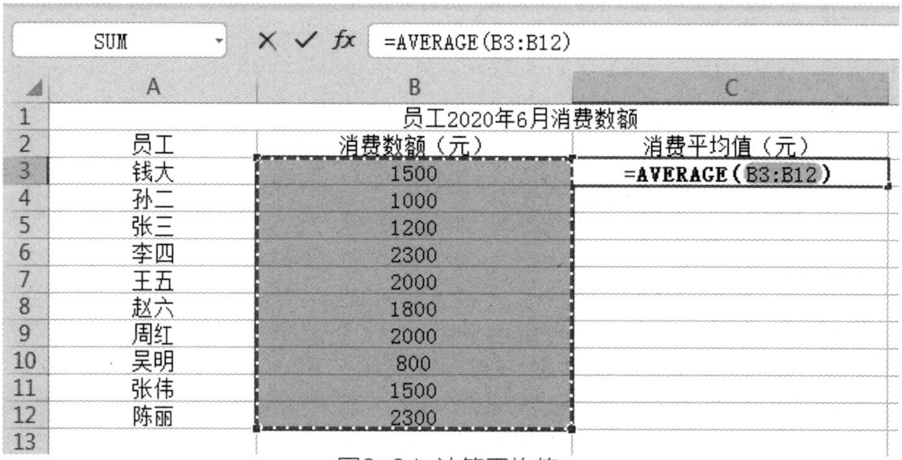

图3-34 计算平均值

步骤03 操作完成后即可得到平均值，如图3-35所示。

步骤04 将平均值，复制到C4~C12单元格中，如图3-36所示。

步骤05 在数据表中选择需要制作成平均线图的单元格内容，单击菜单栏中的"插入→全部图表"按钮。操作完成后，在弹出的"插入图表"对话框中，❶选择"柱形图→簇状柱形图"；❷单击"插入"按钮，如图3-37所示。

A	B	C
员工2020年6月消费数额		
员工	消费数额（元）	消费平均值（元）
钱大	1500	1640
孙二	1000	
张三	1200	
李四	2300	
王五	2000	
赵六	1800	
周红	2000	
吴明	800	
张伟	1500	
陈丽	2300	

图3-35 得到平均值

A	B	C
员工2020年6月消费数额		
员工	消费数额（元）	消费平均值（元）
钱大	1500	1640
孙二	1000	1640
张三	1200	1640
李四	2300	1640
王五	2000	1640
赵六	1800	1640
周红	2000	1640
吴明	800	1640
张伟	1500	1640
陈丽	2300	1640

图3-36 复制平均值

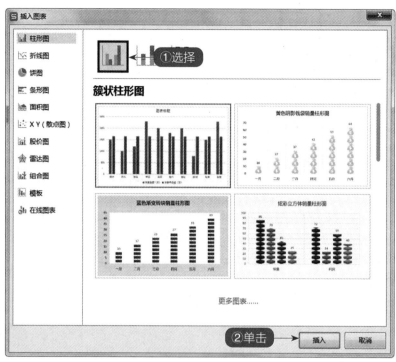

图3-37 选择"簇状柱形图"按钮

步骤06 操作完成后,便可得到簇状柱形图,在簇状柱形图中输入"员工2020年6月消费数额",如图3-38所示。

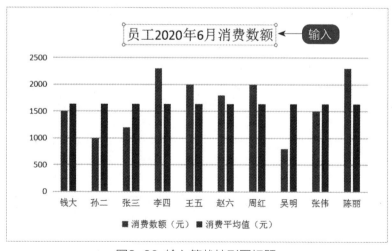

图3-38 输入簇状柱形图标题

步骤07 ❶选择一个"平均值"的柱条，单击鼠标右键，在弹出的菜单栏中，❷选择"更改系列图表类型"选项，如图3-39所示。

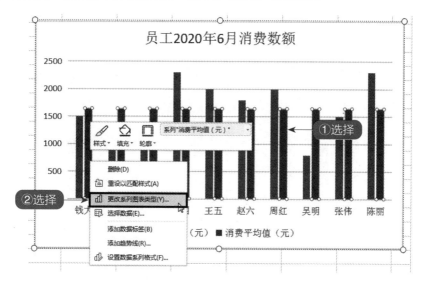

图3-39 选择"更改系列图表类型"选项

步骤08 在弹出的"更改图表类型"对话框中，❶选择"组合图→簇状柱形图-次坐标轴上的折线图"选项；❷单击"插入"按钮，如图3-40所示。

图3-40 设置"更改图表类型"对话框中的参数

步骤09 操作完成后，便可完成平均线图的制作，如图3-41所示。

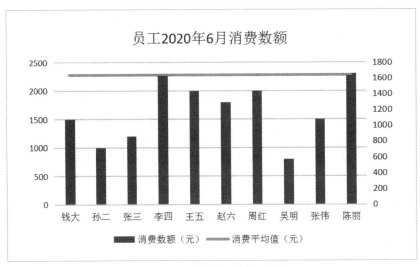

图3-41 平均线图制作完成

3.3.4 饼图：各部分数据的形象对比

运营者有时需要了解各个部分在总数中的占比情况，对此，可以借助Excel 2019中的饼图进行生动形象的对比。一般来说，运营者在制作饼图时，应当需要注意几个事项，如图3-42所示。

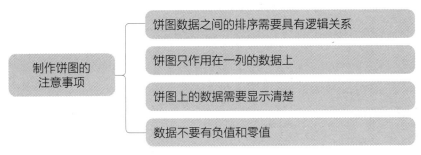

图3-42 制作饼图的注意事项

下面以某公司2019年的新媒体账号盈利比例为例，进行饼图的制作，其操作具体如下所示。

步骤01 在数据表中，❶选择需要制作成饼图的单元格内容，❷单击菜单栏中的"插入→全部图表"按钮，如图3-43所示。

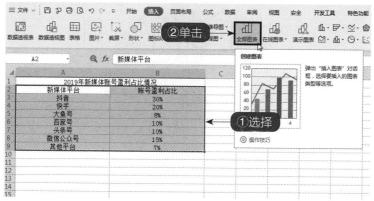

图3-43 单击"全部图表"按钮

步骤02 在弹出的"插入图表"对话框中，❶选择"饼图→饼图"选项，❷单击"插入"按钮，如图3-44所示。

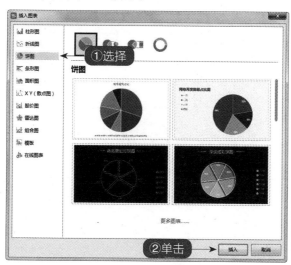

图3-44 单击"插入"按钮

步骤03 操作完成后，即可获得一个饼图。在饼图的"图表标题"中输入"2019年新媒体账号盈利占比情况"，如图3-45所示。

步骤04 在饼图上单击鼠标右键，❶在菜单中选择"添加数据标签"选项，❷勾选"添加数据标签"复选框，如图3-46所示。

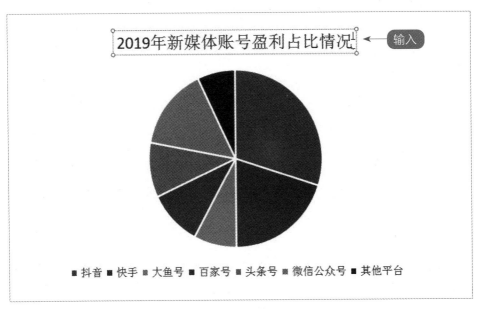

图3-45 输入饼图标题

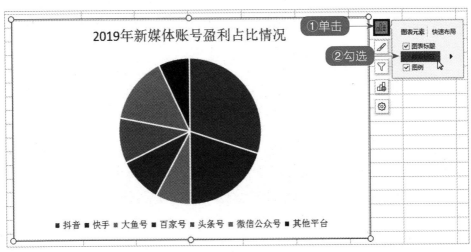

图3-46 勾选"数据标签"复选框

步骤05 操作完成后,饼图中便会出现各部分所占的百分比,如图3-47所示。

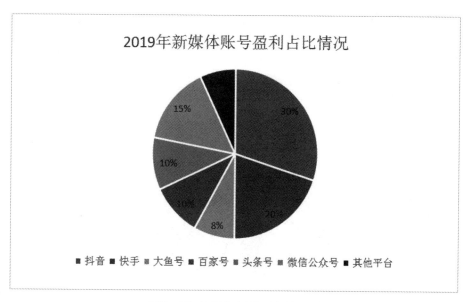

图3-47 显示各部分所占的百分比

步骤06 ❶选中饼图中的一扇内容，❷在弹出的菜单栏中单击"系列"按钮，❸设置"第一扇区起始角度（A）"和"点爆炸型（X）"的百分比数值，如图3-48所示。

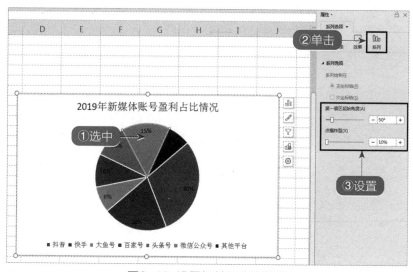

图3-48 设置相关百分比数值

步骤07 操作完成后，可以得到一个各扇内容分离的饼图，如图3-49所示。

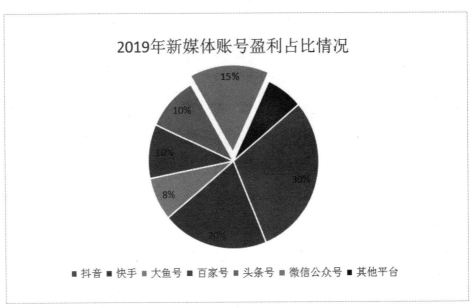

图3-49 得到一个各扇内容分离的饼图

步骤08 饼图中有的扇区百分比数值显示效果不是很好，运营者可以通过设置对应扇区的背景颜色来调整。具体操作为：❶选中饼图中需要调整颜色的扇区；❷在弹出的菜单栏中单击"填充与线条"后方的 按钮；❸在弹出的颜色选择框中，选择需要调整的颜色。如图3-50所示。

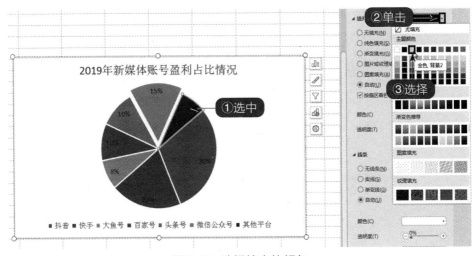

图3-50 选择填充的颜色

步骤09 参照上述方法,调整其他扇区的颜色,调整后的饼图效果,如图3-51所示。

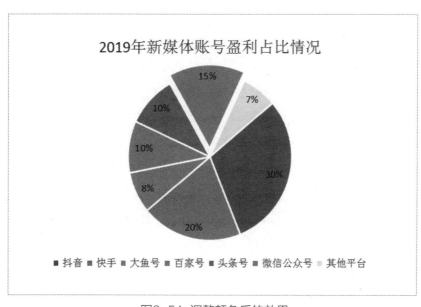

图3-51 调整颜色后的效果

第 4 章

头条号：
实时掌握今日头条
运营动态

头条号平台是一个因精准算法而知名的新媒体平台，该平台很多运营情况都是用数据来解决的，如推荐机制、用户数据、内容数据和创作热点数据等。

本章将从数据出发，介绍头条号在内容分析和粉丝管理上的具体情况，从而实现指导内容运营、打造爆款账号的目标。

4.1 作品数据：两个部分分别解读

通过头条号的作品数据分析功能，运营者可以更好地了解头条号的发展现状，分析前段时间内容运营的经验与成果以及总结不足等，为之后的内容输出提供更加精准的方向。

在头条号中，作品数据主要包括两个部分，一是整体数据；二是单篇数据。这一节，笔者就来分别进行解读。

4.1.1 整体数据：全面把握作品运营情况

运营者登录头条号平台之后，单击菜单栏中的"数据→作品数据"按钮，便可进入作品整体内容的数据界面。进入作品的整体数据界面之后，系统会默认呈现全部作品的整体数据。

全部作品的整体数据界面主要呈现两方面的内容：一是全部作品的核心数据；二是全部作品的数据趋势。图4-1为某头条号整体内容中全部作品的"核心数据"和"数据趋势"图。

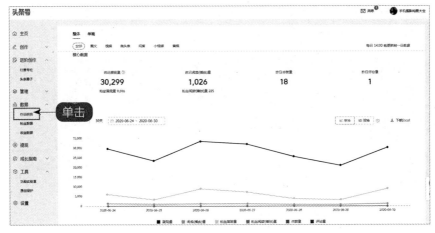

图4-1 全部作品的"核心数据"和"数据趋势"图

在"数据趋势"图的下方还会对每一天的"展现量""阅读(播放)量""粉丝展现量""粉丝阅读(播放)量""点赞量""评论量"数据进行呈现,如图4-2所示。

时间	展现量	阅读(播放)量	粉丝展现量	粉丝阅读(播放)量	点赞量	评论量
累计	195,407	7,071	41,490	1,242	158	13
2020-06-30	30,299	1,026	9,016	225	18	1
2020-06-29	21,068	745	3,248	100	14	0
2020-06-28	25,686	877	3,797	133	17	0
2020-06-27	31,960	1,187	7,183	195	29	5
2020-06-26	33,377	1,198	9,042	256	26	4
2020-06-25	23,408	920	3,261	109	26	2
2020-06-24	29,609	1,118	5,943	224	28	1

图4-2 全部作品每一天的具体数据

图文、视频、微头条、问答和小视频这些单个类别的作品数据的界面中,同样会对"核心数据"和"数据趋势"图进行呈现,其呈现的只是某类作品的数据。图4-3为图文类作品的"核心数据"和"数据趋势"图。

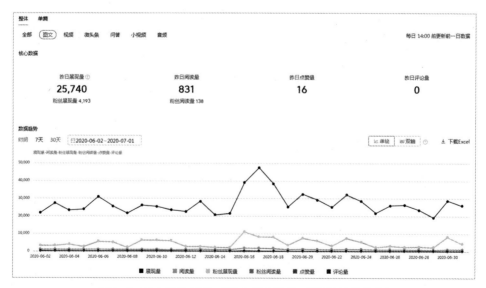

图4-3 图文类作品的"核心数据"和"数据趋势"图

与整体内容中的全部作品数据界面不同的是,图文、视频、微头条、问答和小视频这些单个类别的作品数据的界面中,不会对每一天的具体数据进行展示，但是会多一个“流量分析”部分。图4-4为某头条号整体内容中图文类作品的“流量分析”内容。

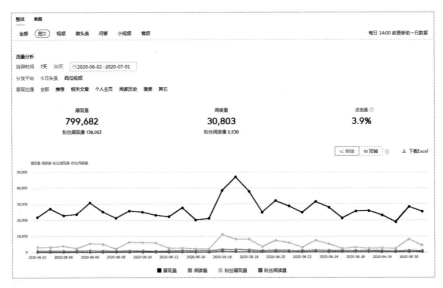

图4-4 图文类作品的“流量分析”内容

另外，音频类作品与其他类型的作品在形式上有一些不同，因此音频作品的数据分析界面也与其他类型的作品有一些差异。在音频作品的数据分析界面中，会对“昨日展现量”“昨日播放量”“昨日粉丝播放量”“昨日播放时长/分钟”“数据详情”进行呈现，如图4-5所示。

时间	推荐量	展示量	播放量	评论量	转发量	收藏量
2020-07-01	0	0	0	0	0	0
2020-06-30	0	0	0	0	0	0
2020-06-29	0	0	0	0	0	0
2020-06-28	0	0	0	0	0	0
2020-06-27	0	0	0	0	0	0
2020-06-26	0	0	0	0	0	0
2020-06-25	0	0	0	0	0	0

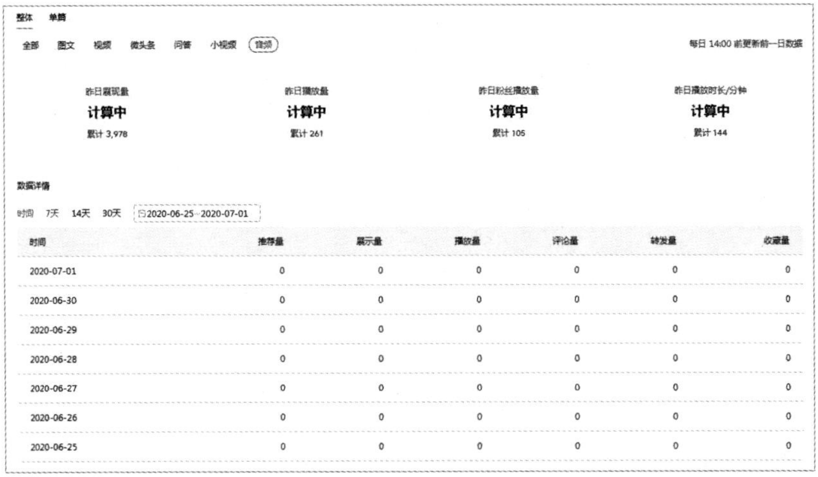

图4-5 音频类作品的数据分析界面

4.1.2 单篇数据：单独分析寻找优化方法

运营者单击作品整体内容的数据界面中的“单篇”按钮，可进入作品单篇内容的数据界面，对单篇内容单独进行分析，从而找出优化的方法。在单篇内容的数据界面中按照内容类别，列出了“图文”“视频”“微头条”“问答”“小视频”这5个部分。

（1）图文

运营者进入作品单篇内容的数据界面之后，系统会默认呈现图文类单篇作品的相关数据。在图文类单篇作品的数据界面中会对每一篇图文作品的“展现量”“阅读量”“点击率”“阅读时长”“点赞量”“评论量”数据进行展示，除此之外，还会列出作品信息（包括图文封面图、标题和发布时间）和“操作”选项，如图4-6所示。

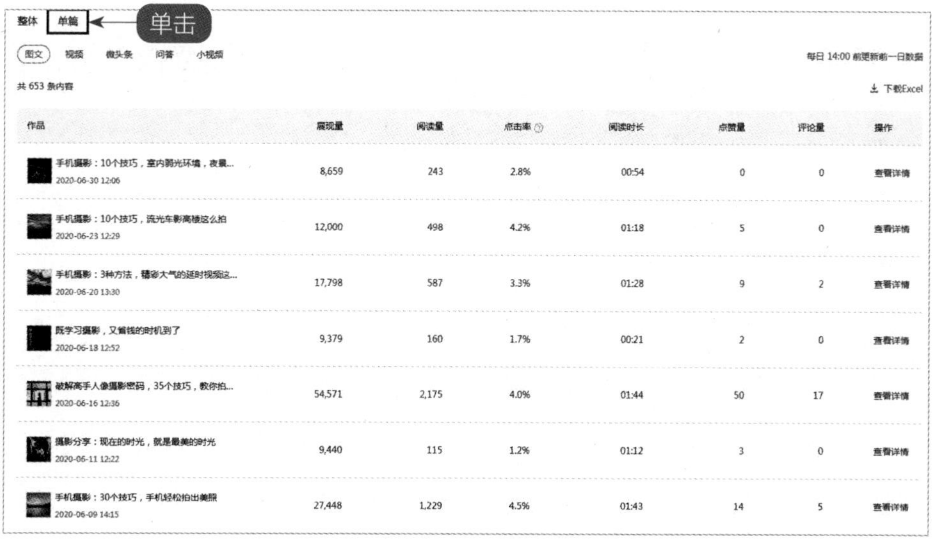

作品	展现量	阅读量	点击率	阅读时长	点赞量	评论量	操作
手机摄影：10个技巧，室内弱光环境，夜景... 2020-06-30 12:06	8,659	243	2.8%	00:54	0	0	查看详情
手机摄影：10个技巧，流光车影高楼这么拍 2020-06-23 12:29	12,000	498	4.2%	01:18	5	0	查看详情
手机摄影：3种方法，精彩大气的延时视频这... 2020-06-20 13:30	17,798	587	3.3%	01:28	9	2	查看详情
既学习摄影，又省钱的时机到了 2020-06-18 12:52	9,379	160	1.7%	00:21	2	0	查看详情
破解高手人像摄影密码，35个技巧，教你拍... 2020-06-16 12:36	54,571	2,175	4.0%	01:44	50	17	查看详情
摄影分享：现在的时光，就是最美的时光 2020-06-11 12:22	9,440	115	1.2%	01:12	3	0	查看详情
手机摄影：30个技巧，手机轻松拍出美照 2020-06-09 14:15	27,448	1,229	4.5%	01:43	14	5	查看详情

图4-6 图文类单篇作品的数据界面

如果运营者单击某篇图文中“操作”选项对应的“查看详情”按钮，可查看图文类单篇作品的数据详情。具体来说，在图文类单篇作品的数据详情界面中，运营者可以看到图文类作品的基本信息（包括图文封面图、标题和发布时间）和该篇图文的数据概览（包括展现量、阅读量、点击率、平均阅读完成率和平均阅读时长），如图4-7所示。

图4-7 图文类单篇作品的基本信息和数据概览

在基本信息和数据概览的下方，运营者可以选择查看"流量分析"或"互动分析"内容。在"流量分析"内容中会展示"展现量""阅读量""点击率""平均阅读完成率""平均阅读时长"和对应的趋势图，如图4-8所示。

而在"互动分析"内容中会展示"点赞量""评论量""转发量""分享量""收藏"和对应的趋势图，如图4-9所示。

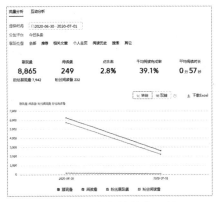

图4-8 图文类单篇作品的"流量分析"内容

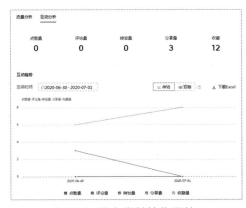

图4-9 图文类单篇作品的"互动分析"内容

（2）视频

视频类单篇作品的数据界面会对每一篇视频作品的"展现量""播放量""点击率""播放时长""点赞量""评论量"进行展示，除此之外，还会列出作品信息（包括图文封面图、标题和发布时间）和“操作”选项，如图4-10所示。

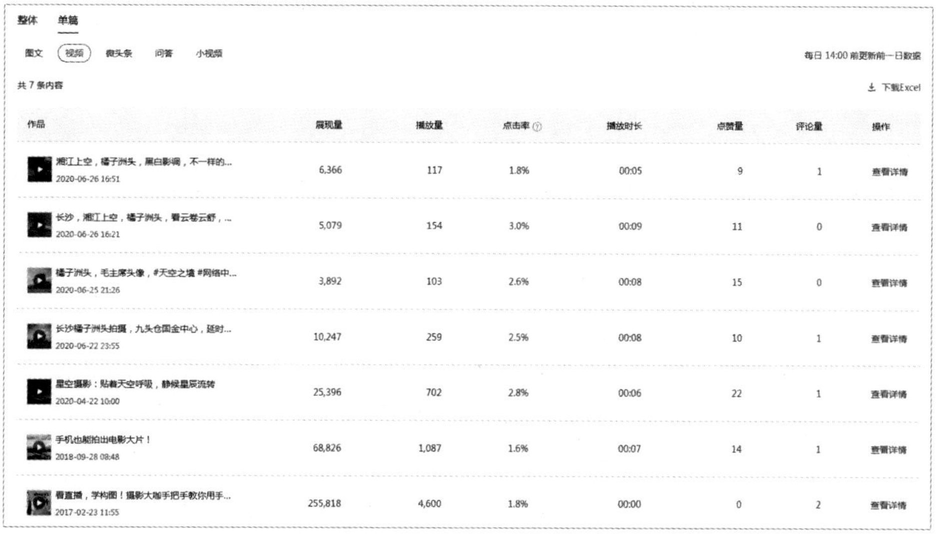

整体 单篇

图文 视频 微头条 问答 小视频

每日 14:00 前更新前一日数据

共 7 条内容

下载Excel

作品	展现量	播放量	点击率	播放时长	点赞量	评论量	操作
湘江上空，橘子洲头，黑白影调，不一样的… 2020-06-26 16:51	6,366	117	1.8%	00:05	9	1	查看详情
长沙，湘江上空，橘子洲头，看云卷云舒，… 2020-06-26 16:21	5,079	154	3.0%	00:09	11	0	查看详情
橘子洲头，毛主席头像，#天空之境 #网络中… 2020-06-25 21:26	3,892	103	2.6%	00:08	15	0	查看详情
长沙橘子洲头拍摄，九头仓国金中心，延时… 2020-06-22 23:55	10,247	259	2.5%	00:08	10	1	查看详情
星空摄影：贴着天空呼吸，静候星辰流转 2020-04-22 10:00	25,396	702	2.8%	00:06	22	1	查看详情
手机也能拍出电影大片！ 2018-09-28 08:48	68,826	1,087	1.6%	00:07	14	1	查看详情
看直播，学构图！摄影大咖手把手教你用手… 2017-02-23 11:55	255,818	4,600	1.8%	00:00	0	2	查看详情

图4-10 视频类单篇作品的基本信息和数据概览

也就是说，视频类单篇作品的数据界面和图文类单篇作品的数据界面呈现的数据类别基本相同，只是视频类单篇作品的数据界面用的是“播放量”和“播放时长”，而图文类单篇作品的数据界面用“阅读量”和“平均阅读时长”。

另外，运营者单击某条视频中“操作”选项对应的“查看详情”按钮，可查看该条视频作品的数据详情。与图文类单篇作品的数据界面不同的是，视频类单篇作品的数据界面的数据详情中不仅会呈现单条视频的基本信息、“概览”“流量分析”“互动分析”等内容，还会呈现单条视频的“视频播放率明细”。图4-11为某头条号单条视频的“视频播放率明细”图。

（3）微头条

微头条类单篇作品的数据界面和图文类单篇作品的数据界面相同，呈现的也是单篇作品的“展现量”“阅读量”“点击率”“阅读时长”“点赞量”“评论量”数据，除此之外，还会列出作品信息（包括图文封面图、标题和发布时间）和“操作”选项，如图4-12所示。

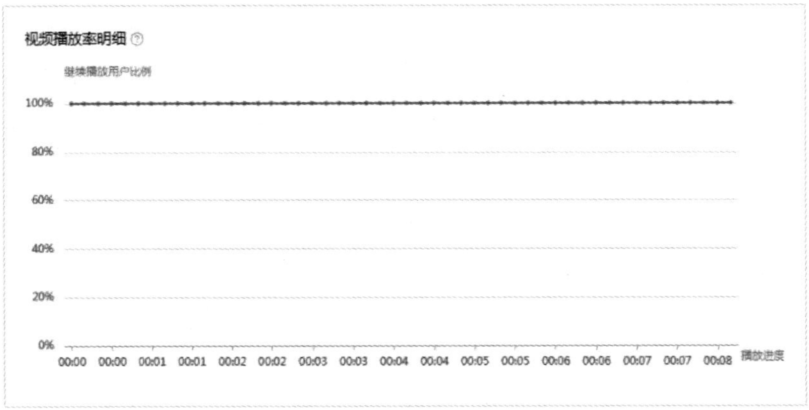

图4-11 某头条号单条视频的“视频播放率明细”图

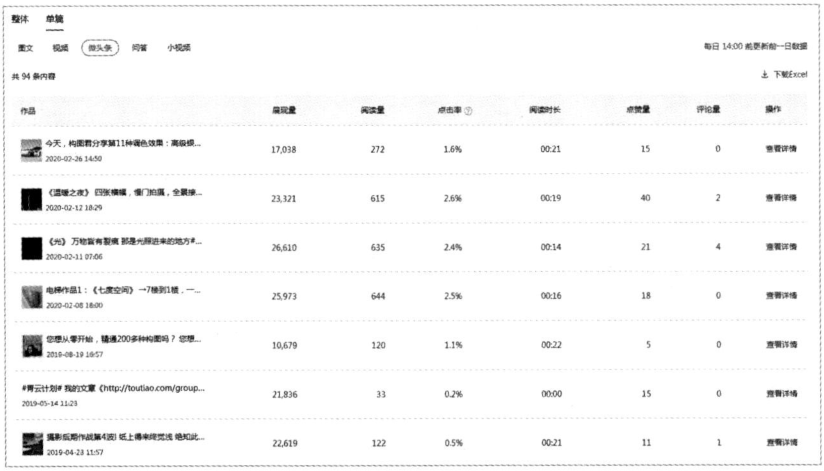

整体 单篇

图文 视频 微头条 问答 小视频 每日 14:00 前更新前一日数据

共 94 条内容 下载Excel

作品	展现量	阅读量	点击率	阅读时长	点赞量	评论量	操作
今天，构图君分享第11种调色效果：高级银... 2020-02-26 14:50	17,038	272	1.6%	00:21	15	0	查看详情
《温暖之夜》四张横幅，慢门拍摄，全景接... 2020-02-12 18:29	23,321	615	2.6%	00:19	40	2	查看详情
《光》万物皆有裂痕 那是光照进来的地方#... 2020-02-11 07:06	26,610	635	2.4%	00:14	21	4	查看详情
电梯作品1：《七度空间》→7楼到1楼，一... 2020-02-08 18:00	25,973	644	2.5%	00:16	18	0	查看详情
您想从零开始，精通200多种构图吗？您想... 2019-08-19 16:57	10,679	120	1.1%	00:22	5	0	查看详情
#青云计划# 我的文章《http://toutiao.com/group... 2019-05-14 11:23	21,836	33	0.2%	00:00	15	0	查看详情
摄影后期作战第4波！纸上得来终觉浅 绝知此... 2019-04-23 11:57	22,619	122	0.5%	00:21	11	1	查看详情

图4-12 微头条类单篇作品的基本信息和数据概览

运营者单击某篇微头条中“操作”选项对应的“查看详情”按钮，可查看该篇微头条作品的数据详情。与图文类单篇作品的数据详情界面相同，在微头条类单篇作品的数据详情界面中也会呈现单篇微头条的基本信息、“概览”“流量分析”“互动分析”内容。

（4）问答

视频类单篇作品的数据界面呈现的是账号参与的头条号问答的数据情况，具体来说其呈现的数据包括“展现量”“阅读量”“点击率”“阅读时长”“点赞量”“评论量”，如图4-13所示。

整体 单篇

图文 视频 微头条 问答 小视频 每日 14:00 前更新前一日数据

共 5 条内容 下载Excel

作品	展现量	阅读量	点击率	阅读时长	点赞量	评论量	操作
春天最想做的事，当然是踏青、旅游、摄影啦，春… 2019-03-21 11:59	13,452	112	0.8%	00:10	10	1	查看详情
南岳——大家去过吗？虽然作为五岳之一，本来就… 2016-11-26 11:50	8,050	176	2.2%	00:17	10	2	查看详情
宣传的很好，在构图上很有创意！我在微信公众号… 2016-11-26 11:21	7,930	43	0.5%	00:00	6	0	查看详情
如果我还走的动……不对，走不动了也要去看看，世… 2016-11-26 11:19	7,890	25	0.3%	00:03	4	0	查看详情
各有各的好！最重要的还是孩子开心！节目因为剪… 2016-11-26 11:12	7,875	9	0.1%	00:00	2	0	查看详情

图4-13 问答类单篇作品的基本信息和数据概览

另外，运营者单击某个问答中“操作”选项对应的“查看详情”按钮，可查看该问答的数据详情。与图文类单篇作品的数据详情界面相同，在问答类单篇作品的数据详情界面中也会呈现单个问答的基本信息、“概览”“流量分析”“互动分析”内容。

（5）小视频

小视频类单篇作品的数据界面会展示每个小视频的“展现量”“播放量”“点击率”“播放时长”“点赞量”“评论量”，如图4-14所示。

整体 单篇

图文 视频 微头条 问答 小视频 每日 14:00 前更新前一日数据

共 24 条内容 下载Excel

作品	展现量	播放量	点击率	播放时长	点赞量	评论量	操作
湖南宁乡神仙岭风车站，蓝天白云，心旷神怡 2020-05-31 09:54	5,032	95	1.9%	00:14	12	0	查看详情
星轨延时视频，浏阳大围山星空 2020-05-22 00:33	6,264	116	1.9%	00:42	10	1	查看详情
长沙的夜晚，秀峰立交桥，红尘滚滚一场梦 2020-05-17 18:14	5,657	97	1.7%	00:30	9	0	查看详情
360全景视频，第一种：水平巡游式视频，… 2020-05-15 10:50	5,426	106	2.0%	00:13	6	1	查看详情
360全景视频，第二种：切换巡游式视频，… 2020-05-15 10:47	5,439	95	1.7%	00:10	8	0	查看详情
360全景视频，第三种：水晶球切换式视频… 2020-05-15 10:45	4,749	57	1.2%	00:10	5	0	查看详情
360全景视频，第四种：缩+放式视频视频，… 2020-05-15 10:43	4,848	80	1.7%	00:16	3	0	查看详情

图4-14 小视频类单篇作品的基本信息和数据概览

和其他类型的单篇作品数据界面相同，运营者只需单击“操作”选项下方的“查看详情”按钮，可查看对应小视频的基本信息、“概览”“流量分析”“互动分析"等数据详情。

4.2 粉丝数据：有效指导吸引目标

随着头条号平台的头条指数的下线，许多功能的开通都将粉丝量作为一个重要的条件。因此，运营者有必要清楚地了解自身头条号的粉丝情况，为吸引更多粉丝做准备。

4.2.1 推荐算法：深度解析头条奥秘

很多头条号运营者在创作内容时，都会碰到这些问题，如自己的内容很好，封面和标题也做得不错，但推荐量却十分低。如何才能提升推荐量？这需要大家了解头条号平台的推荐算法。

（1）推荐目标：你的内容会被推荐给哪些用户？

头条号的推荐算法实现的是精准的个性化推荐，它会给每一位用户推荐其可能感兴趣或与其兴趣相符的内容。今日头条的推荐算法对用户的认知是非常充分的，内容推荐是建立在对大量数据进行分析而得出的用户画像的基础上的。具体说来，主要包括如下3个方面的数据。

① 用户的属性数据：包括性别、年龄、地域、终端和常使用的App等。

② 用户的关注数据：包括订阅账号、订阅频道以及关注的各种话题等。

③ 用户的兴趣数据：已阅读的文章分类和关键词，相似用户喜欢阅读的文章类型，以及标记了"不感兴趣"的实体词或文章类型等。

通过这3项数据，可以让推荐系统对用户的阅读兴趣有一个大体的把握。当然，这些用户数据的判断，是建立在有着较大信息流的基础之上的。这里的较大信息流主要包括两个方面的内容，具体如下。

①从时间角度来说，用户使用头条号的时间越长，系统所获得的用户数据信息就越多。

②从用户数量角度来说，使用头条号的用户越多，系统所获得的数据信息就越多。

（2）推荐规则：你的内容是如何被推荐给用户的？

头条号采用的是"分批次推荐"的推荐规则，运营者发布内容后，平台会将内容推荐给对该内容最可能产生兴趣的用户，同时分析这批用户的具体阅读数据，以决定内容的下一次推荐量。

4.2.2 粉丝概况：判断内容吸粉强度

在头条号后台通过两个部分对粉丝数据进行了呈现，一是粉丝概况，二是粉丝列表。这一节先为大家介绍头条号后台中粉丝概况的具体内容。

头条号运营者单击左侧菜单栏中的"粉丝数据"按钮，便可进入粉丝概况界面。粉丝概况界面中对4个部分的相关数据进行了介绍，运营者从这些数据中可以判断出内容对粉丝的吸引力。下面就对这4部分的内容进行说明。

（1）核心数据

进入粉丝概况界面之后，运营者首先看到的是"核心数据"部分。该部分主要对头条号的"昨日粉丝变化数"（包括变化的数值、涨粉数和掉粉数）和"粉丝总数"进行了展示。

（2）数据趋势

"核心数据"的下方是"数据趋势"。"数据趋势"主要对"总粉丝数""粉丝变化数""新增粉丝数""流失粉丝数"等数据进行了呈现。运营者可以选择查看7天或30天的数据变化趋势。

图4-15为某头条号的"核心数据"和"数据趋势"。

图4-15 某头条号的"核心数据"和"数据趋势"

（3）粉丝特征

"数据趋势"的下方是"粉丝特征"。"粉丝特征"部分对3项内容进行了呈现，即"性别分布""年龄分布""地域分布"。

"性别分布"部分用一张图对账号粉丝的男女比例进行了呈现，运营者将鼠标停留在图上，便可查看男性或女性在该账号粉丝中的占比，如图4-16所示。

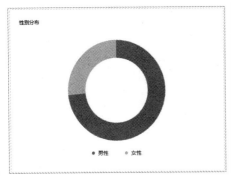 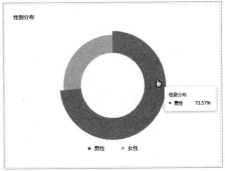

图4-16 "性别分布"图

"年龄分布"部分用一张图对账号中各年龄段粉丝的占比情况进行了呈现，如图4-17所示。头条号运营者可以通过粉丝的年龄分布情况，了解账号发布的内容比较受哪些年龄段用户关注。

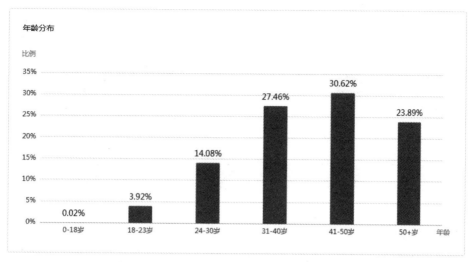

图4-17 "年龄分布"图

"地域分布"部分包括两项内容：一是一张地图，运营者将鼠标停留在地图上某个省份，便可查看该省粉丝的占比情况；二是各省份粉丝的占比图。通过粉丝的地域分布情况，头条号运营者可以了解账号的粉丝主要集中在哪些区域。图4-18为某头条号的各省份粉丝的占比图。

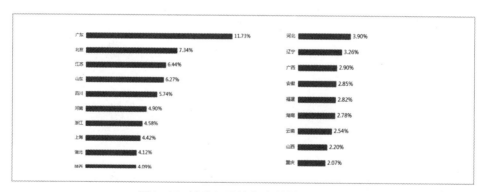

图4-18 某头条号的各省份粉丝的占比图

（4）粉丝偏好

"粉丝特征"的下方是"粉丝偏好"。在"粉丝偏好"中会列出关注当前账号的粉丝关注的其他账号。头条号运营者通过"粉丝偏好"，可以在一定程度上了解账号粉丝关注的内容类型。图4-19为某头条号的粉丝偏好。

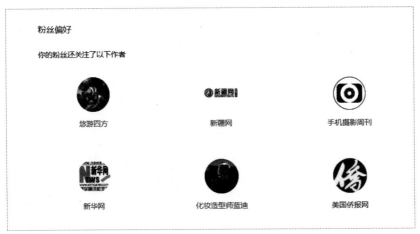

图4-19 某头条号的粉丝偏好

4.2.3 粉丝列表：沟通交流提供渠道

在运营头条号的过程中，运营者有时会想一探究竟——"关注我们头条号的是什么用户？"对于这一问题，头条号后台的"粉丝列表"将为大家提供详细而准确的答案。图4-20为"粉丝列表"界面的部分内容展示。

图4-20 "粉丝列表"界面

在"粉丝列表"页面，运营者可以查看所有关注了头条号的粉丝——了解其头像和昵称，同时可以单击"关注"按钮实现互相关注，以便更加详细地了解该用户，还可以单击"私信"按钮向对方发送私信，以便加强双方的沟通和交流。

4.3 收益数据：查看账号收入情况

头条号运营者单击左侧菜单栏中的"收益数据"按钮，即可进入"收益数据"界面。头条号"收益数据"界面中主要对"整体收益""图文创作收益""视频收益""付费专栏""赞赏收益""更多收益"进行了展示，这一节就对这6个方面的收益进行说明。

4.3.1 整体收益：全面查看各类收入

头条号运营者进入"收益数据"界面后，系统会默认呈现"整体收益"的情况。在"整体收益"界面中首先呈现的是"昨日收益""本月收益""可提现收益"这三个基本收益数据，如图4-21所示。

图4-21 基本收益数据

如果运营者单击基本数据下方的"前往结算提现"按钮，可进入"提现"界面，查看"结算数据"和"提现详情"。另外，运营者还可单击"提现"界面中的"申请提现"按钮，进行提现操作。图4-22为某头条号的"提现"界面。

基本收益的下方是"收益趋势分析"。"收益趋势分析"会对"总计（收益）""图文创作收益""视频创作收益""赞赏金额""商品收益""圈子收益""音频收益""微头条创作收益""问答创作收益""其他收益"数据进行呈现。头条号运营者可以通过"趋势图"或"数据列表"的形式查看数据详情。图4-23、图4-24分别为某头条号的整体收益"趋势图"和"数据列表"。

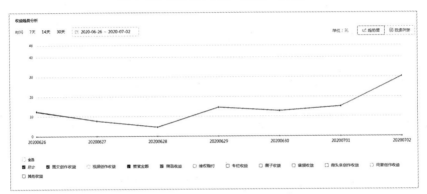

图4-22 某头条号的"提现"界面

图4-23 整体收益的"趋势图"

图4-24 整体收益的"数据列表"

需要注意的是,因为"数据列表"中列出的项目比较多,所以部分数据无法在同一个页面中展现出来。头条号运营者可以通过拖动列表下方的活动条依次查看数据。

4.3.2 图文创作收益：呈现广告收入

头条号运营者单击"整体收益"界面中的"图文创作收益"按钮，可进入"图文创作收益"界面。"图文创作收益"界面中主要对图文创作收益的基本数据情况和"广告收益"数据进行了呈现。

运营者进入"图文创作收益"界面可看到"昨日总收益""昨日基础收益""昨日激励收益"等图文创作收益的基本数据，如图4-25所示。

图4-25 图文创作收益的基本数据情况

图文创作收益的基本数据的下方是"广告收益数据"。运营者在"广告收益数据"中，可以查看"性别收益分布""粉丝收益分布""文章收益分布"的相关数据。

"性别收益分布"会对"总计（收益）""信用系数""女性用户收益""男性用户收益""信用惩罚""平台激励"数据进行呈现。运营者可以选择通过"趋势图"或"数据列表"的形式查看这些数据。图4-26为某头条号"性别收益分布"的"数据列表"。

日期	总计	信用系数	女性用户收益	男性用户收益	信用惩罚	平台激励
2020-07-02	30.24	1	3.81	13.53	0	12.9
2020-07-01	15.02	1	2.22	3.71	0	9.09
2020-06-30	12.75	1	1.66	4.63	0	6.46
2020-06-29	14.58	1	0.65	11.46	0	2.47
2020-06-28	4.62	1	0.64	1.51	0	2.47
2020-06-27	7.68	1	1.17	1.89	0	4.62
2020-06-26	12.34	1	1.8	3.63	0	6.91

图4-26 某头条号"性别收益分布"的"数据列表"

“粉丝收益分布”会对“总计（收益）”“信用系数”“粉丝收益”“非粉丝收益”“信用惩罚”“平台激励”数据进行呈现。运营者同样可以选择通过“趋势图”或“数据列表”的形式查看这些数据。图4-27为某头条号“粉丝收益分布”的“数据列表”。

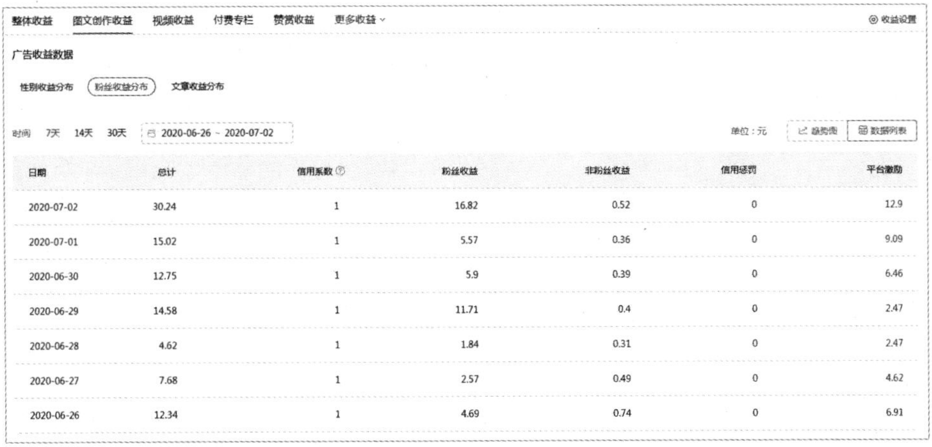
整体收益　图文创作收益　视频收益　付费专栏　赞赏收益　更多收益　　收益设置

广告收益数据

性别收益分布　粉丝收益分布　文章收益分布

时间　7天　14天　30天　2020-06-26 ~ 2020-07-02　　单位：元　趋势图　数据列表

日期	总计	信用系数	粉丝收益	非粉丝收益	信用惩罚	平台激励
2020-07-02	30.24	1	16.82	0.52	0	12.9
2020-07-01	15.02	1	5.57	0.36	0	9.09
2020-06-30	12.75	1	5.9	0.39	0	6.46
2020-06-29	14.58	1	11.71	0.4	0	2.47
2020-06-28	4.62	1	1.84	0.31	0	2.47
2020-06-27	7.68	1	2.57	0.49	0	4.62
2020-06-26	12.34	1	4.69	0.74	0	6.91

图4-27 某头条号“粉丝收益分布”的“数据列表”

“文章收益分布”会对“文章名称”“发布日期”“是否原创”“累计广告收益”“累计平台激励”数据进行呈现。图4-28为某头条号“文章收益分布”的“数据列表”。

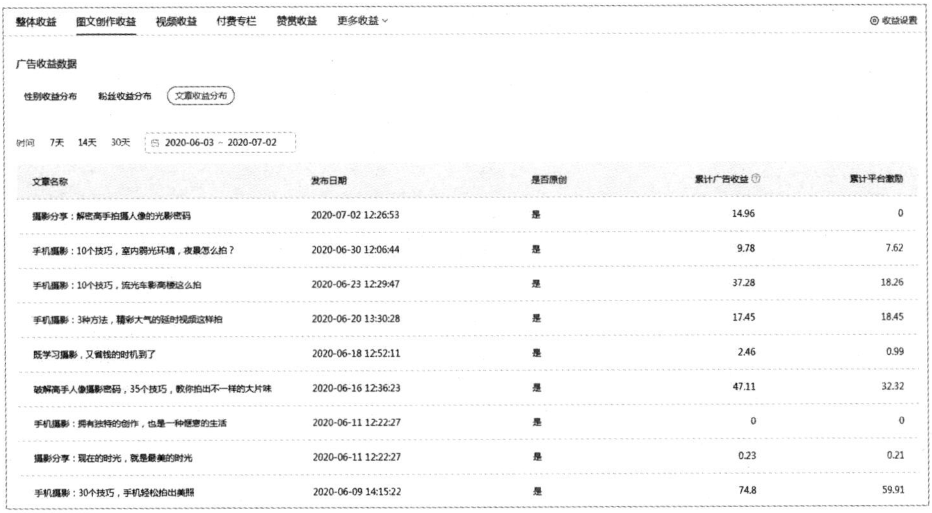
整体收益　图文创作收益　视频收益　付费专栏　赞赏收益　更多收益　　收益设置

广告收益数据

性别收益分布　粉丝收益分布　文章收益分布

时间　7天　14天　30天　2020-06-03 ~ 2020-07-02

文章名称	发布日期	是否原创	累计广告收益	累计平台激励
摄影分享：解密高手拍摄人像的光影密码	2020-07-02 12:26:53	是	14.96	0
手机摄影：10个技巧，室内弱光环境，夜景怎么拍？	2020-06-30 12:06:44	是	9.78	7.62
手机摄影：10个技巧，流光车影高楼这么拍	2020-06-23 12:29:47	是	37.28	18.26
手机摄影：3种方法，精彩大气的延时视频这样拍	2020-06-20 13:30:28	是	17.45	18.45
既学习摄影，又省钱的时机到了	2020-06-18 12:52:11	是	2.46	0.99
破解高手人像摄影密码，35个技巧，教你拍出不一样的大片味	2020-06-16 12:36:23	是	47.11	32.32
手机摄影：拥有独特的创作，也是一种惬意的生活	2020-06-11 12:22:27	是	0	0
摄影分享：现在的时光，就是最美的时光	2020-06-11 12:22:27	是	0.23	0.21
手机摄影：30个技巧，手机轻松拍出美照	2020-06-09 14:15:22	是	74.8	59.91

图4-28 某头条号“文章收益分布”的“数据列表”

4.3.3 视频收益：基础补贴综合收入

头条号运营者单击"图文创作收益"界面中的"视频收益"按钮，可进入"视频收益"界面。"视频收益"界面，主要对视频收益的"概览""趋势分析""收益分析""单篇视频收益"等数据进行了呈现。

"概览"部分对"昨日创作收益""累计创作收益""基础收益""补贴收益"数据进行了呈现。

在"趋势分析"中，运营者可以选择"粒度"（包括天级、周级和月级）和"时间"（包括7天、14天和30天），并选择通过"趋势图"或"数据列表"的形式，查看视频收益的数据趋势分析。图4-29为视频收益的"概览"和"趋势分析"。

图4-29 视频收益的"概览"和"趋势分析"

"收益分析"主要对视频收益的"基础收益"和"补贴收益"数据进行了呈现。其中，"基础收益"主要是对一些基础收益的数据进行了呈现，如"昨日基础收益""累计基础收益""获利播放量""千次播放单价"，如图4-30所示。

"补贴收益"主要对视频收益的"昨日补贴收益""累计补贴收益""补贴首映/元""'闪光时刻'补贴"数据进行了呈现，如图4-31所示。

"单篇视频收益"主要对"视频标题""发布时间""创作收益/元""基础收益/元""补贴收益/元""获利播放量"进行了呈现，如图4-32所示。

图4-30 "收益分析"的"基础收益"

图4-31 "收益分析"的"补贴收益"

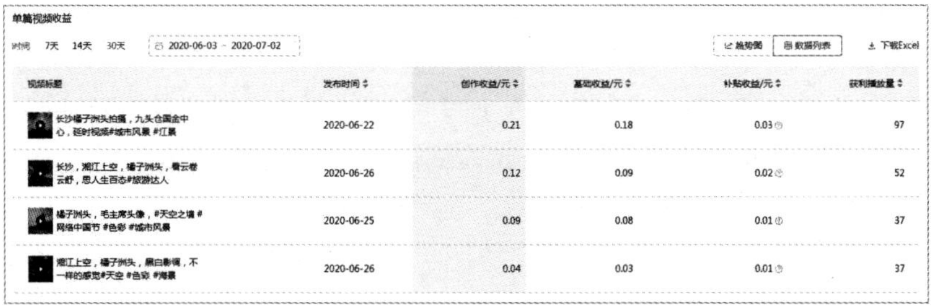

图4-32 视频收益的"单篇视频收益"

4.3.4 付费专栏：专栏分销两项收入

头条号运营者单击“视频收益”界面中的“付费专栏”按钮，可进入“付费专栏”界面。“付费专栏”界面主要对付费专栏收益的“专栏数据”“分销数据”“数据报表”“订单明细”“退款统计”等数据进行了呈现。

具体来说，以上数据会通过两个部分进行呈现。第一部分，运营者可以选择查看“专栏数据”或“分销数据”。“专栏数据”中对“昨日销售额”“昨日分成收益”“昨日可提现收益”“累计销售额”“累计分成收益”“待估算收益”“累计可提现收益”进行了呈现，如图4-33所示。而“分销数据”中则对“昨日分销销售额”“昨日分销分成收益”“昨日赚取分销佣金”“累计分销销售额”“累计分销分成收益”“累计赚取分销佣金”进行了呈现。

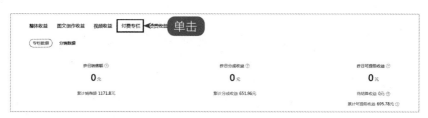

图4-33 付费专栏的“专栏数据”

第二部分，如果头条号运营者选择的是“专栏数据”，可以选择查看“数据报表”“订单明细”“退款统计”。在“数据报表”中，运营者可以选择“统计维度”和“时间选择”，查看“销售额”“渠道费”“分销佣金”“平台服务费”“分成收益”“可提现收益”数据，如图4-34所示。

日期	销售额	渠道费	分销佣金	平台服务费	分成收益	可提现收益
2020-07-02	0	0	0	0	0	0
2020-07-01	0	0	0	0	0	0
2020-06-30	0	0	0	0	0	0
2020-06-29	0	0	0	0	0	0
2020-06-28	0	0	0	0	0	0
2020-06-27	0	0	0	0	0	0
2020-06-26	0	0	0	0	0	0

分成收益 = 销售额 - 渠道费 - 分销佣金 - 平台服务费
可提现收益 = 已结算专栏收益 + 会员收益 + 赚取分销佣金

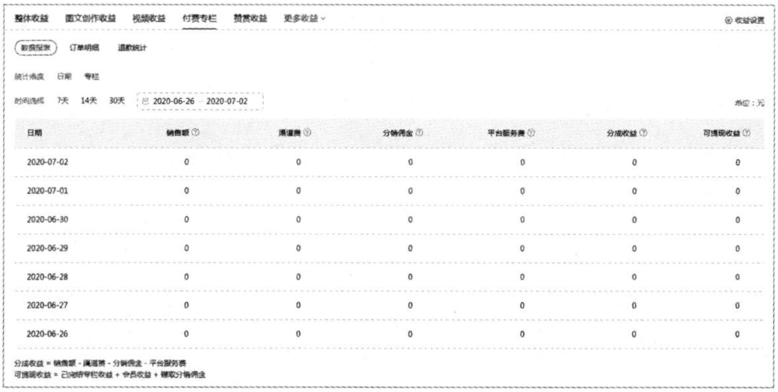

图4-34 付费专栏的“数据报表”

如果运营者选择的是“分销数据”，则可查看“获得分销分成”和“赚取分销佣金”等内容。

4.3.5 赞赏收益：查看用户打赏金额

头条号运营者单击“付费专栏”界面中的“赞赏收益”按钮，可进入“赞赏收益”界面。“赞赏收益”界面主要是对头条号用户账号的赞赏情况进行展示。具体来说，“赞赏收益”界面主要呈现了赞赏“时间”“金额”“用户名”“文章”等内容，如图4-35所示。

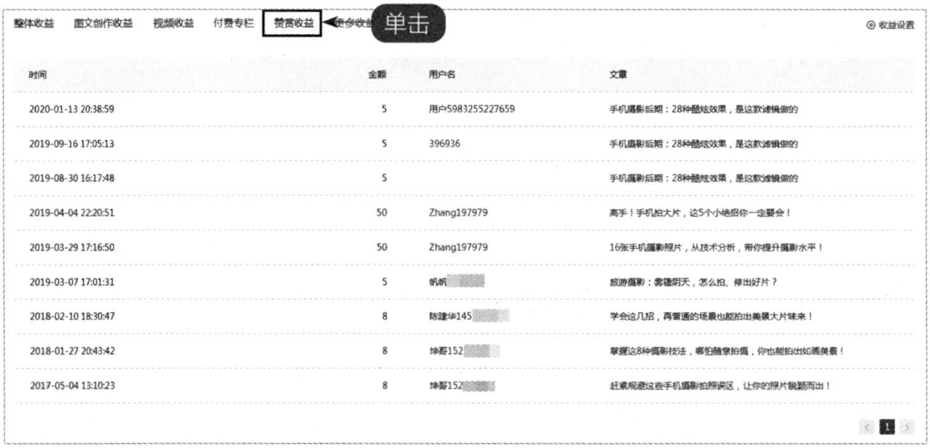

时间	金额	用户名	文章
2020-01-13 20:38:59	5	用户5983255227659	手机摄影后期：28种酷炫效果，是这款滤镜做的
2019-09-16 17:05:13	5	396936	手机摄影后期：28种酷炫效果，是这款滤镜做的
2019-08-30 16:17:48	5		手机摄影后期：28种酷炫效果，是这款滤镜做的
2019-04-04 22:20:51	50	Zhang197979	高手！手机拍大片，这5个小绝招你一定要会！
2019-03-29 17:16:50	50	Zhang197979	16张手机摄影照片，从技术分析，带你提升摄影水平！
2019-03-07 17:01:31	5	帆帆	旅游摄影：雾霾阴天，怎么拍、修出好片？
2018-02-10 18:30:47	8	陈建华145	学会这几招，再普通的场景也能拍出美景大片味来！
2018-01-27 20:43:42	8	坤哥152	掌握这8种摄影技法，哪怕随意拍摄，你也能拍出如画美景！
2017-05-04 13:10:23	8	坤哥152	赶紧规避这些手机摄影拍照误区，让你的照片脱颖而出！

图4-35 “赞赏收益”界面

4.3.6 更多收益：3种其他收入查询

除了整体收益、图文创作收益、视频收益、付费专栏、赞赏收益，运营者还可以查看更多类型的收益。具体来说，运营者单击“赞赏收益”界面中的“商品佣金”按钮，可选择查看“圈子收益”“商品佣金”“自营广告”。下面就对“商品佣金”进行重点解读。

“商品佣金”界面主要包括两部分的内容，一是一些基础数据（包括“精选联盟佣金”“京东佣金”“淘宝佣金”），二是“数据列表”（头条号运营者可以选择查看“内容”或“商品”的数据列表。如果运营者选择的是“内容”，则可查看“曝光量”“阅读量”“商品点击”“销售量”“佣金/元”等数据）。

图4-36为某头条号的"商品佣金"界面。

图4-36 某头条号的"商品佣金"界面

第 5 章

大鱼号：
帮助自媒体人
实现数据驱动

学会在大鱼号平台后台查看数据并进行分析，可以让运营者找到更加精准的创作内容和粉丝群体。

本章围绕大鱼号运营的数据分析来展开阐述，具体内容包括运营者数据、成长体系和信用分数，帮助自媒体人实现数据驱动。

5.1 运营数据：4大板块精准分析

大鱼号后台的运营数据功能，主要包括"图文数据""视频数据""图集数据"和"粉丝数据"4大板块。运营者应学会通过这些板块来分析数据，才能做到精准引爆流量。

5.1.1 图文数据：提供账号调整依据

图文数据是对整个账号图文内容的一种评估，运营者可以将其作为账号调整的一个依据。运营者可以在大鱼号后台进入"运营数据→图文数据"界面。界面最上方显示的是"昨日关键数据"，包括"推荐数""阅读数""评论数""分享数"，它可以让运营者及时了解最新的图文数据动态，如图5-1所示。

图5-1 图文数据的"昨日关键数据"

"昨日关键数据"下方是"趋势分析"。运营者可以在此选择7天、15天、30天或者自定义一个时间段，通过趋势图形的方式查看该时间段内的"推荐""阅读""评论""点赞""分享""收藏"的变化趋势。图5-2为某账号的7

天"推荐"数据趋势分析图。

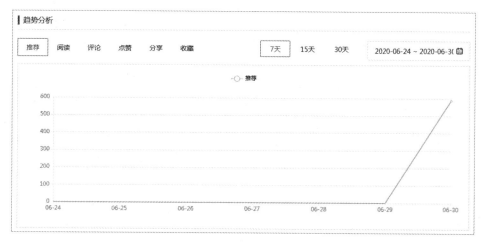

图5-2 "趋势分析"模块

在趋势图的下方,运营者可以通过表格的形式,更加直观地看到这些图文运营指标每天的数据变化,如图5-3所示。运营者可以单击"导出报表"按钮,将这些数据下载到Excel表格中,以便更好地进行分析。

日期	推荐	阅读	评论	点赞	分享	收藏
2020-06-30	588	86	0	0	3	12
2020-06-29	0	0	--	--	--	--
2020-06-28	0	0	--	--	--	--
2020-06-27	0	0	--	--	--	--
2020-06-26	0	0	--	--	--	--
2020-06-25	0	0	--	--	--	--
2020-06-24	0	0	--	--	--	--

图5-3 使用表格分析数据

最后是"单篇分析"部分,运营者可以在此查看单篇图文内容一段时间范围内的各个运营指标数据以及相关的趋势分析,如图5-4所示。

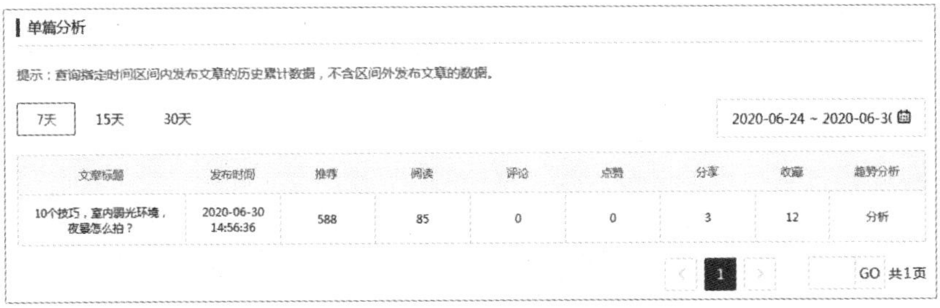

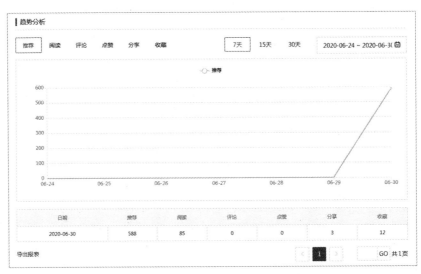

图5-4 "单篇分析"模块

单击"趋势分析"一列中的"分析"按钮,可查看单篇文章的"累计数据"和"趋势分析"图。图5-5、图5-6分别为某大鱼号文章的"累计数据"和"趋势分析"图。

图5-5 某大鱼号文章的"累计数据"图

图5-6 某大鱼号文章的"趋势分析"图

5.1.2 视频数据：两个部分分析有道

大鱼号的视频数据包括短视频和小视频两个部分，下面分别进行介绍。

（1）短视频数据分析

在"短视频数据"分析界面中，包括UC和优酷两个渠道，各数据指标存在一定的差别。其中，UC渠道的短视频数据界面中，"昨日关键数据"模块包括"播放数""点赞数""评论数""分享数"，如图5-7所示。

图5-7 UC的"昨日关键数据"

"趋势分析"部分包括"播放""点赞""评论""分享""收藏"这5个指标的数据图和数据表，这些数据主要用于分析UC浏览器平台中的运营数据。图5-8为UC渠道的"趋势分析"页面。

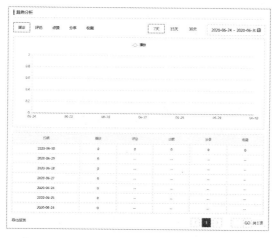

图5-8 UC的"趋势分析"页面

"趋势分析"的下方是"单篇分析"部分，该部分包括"视频标题""发布时间""播放""点赞""评论""分享""收藏""趋势分析"，如图5-9所示。

图5-9 UC渠道的"单篇分析"页面

而在优酷渠道的"短视频数据"界面中，除了没有"收藏"数据，其他内容与UC渠道大致相同。因此，运营者在优酷平台上发布短视频时，需要重点关注"播放""点赞""评论""分享"数据指标。

（2）小视频数据分析

"小视频数据"分析界面与"短视频数据"类似，不同之处在于小视频数据界面不会展示"收藏"数据，如图5-10所示。

图5-10 "小视频数据"分析界面

从这些视频数据中，运营者可以找到自己的优势和不足，因此一定要学会使用数据工具，这会让你少走很多弯路。

5.1.3 图集数据：分析评估优化改善

在进行图集数据分析时，运营者可以重点分析那些流量比较高的图集标题和图片素材，如标题是如何写的，选的图片素材是哪方面的，从中找出对自己有利的内容。图5-11为大鱼号的"图集数据"分析界面。

图5-11 "图集数据"分析界面

当然，在数据分析界面中，运营者还可以很快找到图集内容流量低的原因，如图片质量问题、图片的方向错误等，从而有针对性地解决这些问题，改善图集内容的质量，这些对于运营者创作内容都是很有帮助的。

5.1.4 粉丝数据：通过分析找出问题

"粉丝数据"分析界面主要包括"昨日关键数据"和"趋势分析"两个部分，同样分为UC和优酷两个渠道进行展示。其中，在UC渠道中，包括"累计粉丝数""新增粉丝数""取消关注数""净增粉丝数"这4个指标的数据分析，如图5-12所示。而优酷渠道没有"累计粉丝数"指标的数据分析。

例如，通过"取消关注数"的数据能了解每天有多少粉丝取消了关注，一旦发现这个取消关注的趋势图呈现出增长的趋势，运营者就要格外注意了，要努力找出问题所在，尽快解决，避免这种趋势的继续增长。计算用户流失率的公式是：

用户流失率＝（取消关注用户÷平台累积关注人数）×100%。

大鱼号运营者每天发布完内容后，都需要对前一天的内容和粉丝进行数据分析，分析粉丝对内容的喜爱程度，找出哪些内容是他们喜欢看的，哪些内容是他们不感兴趣的，作为自己内容创作的重要依据。

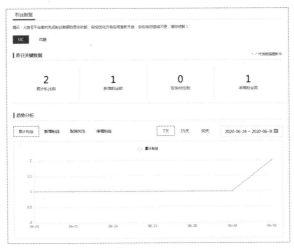

图5-12 "粉丝数据"分析界面

5.2 成长体系：更好更快实现晋升

大鱼号有一个成长体系，这个体系是运营者在平台上的各种能力见证，包括原创能力内容质量、发文活跃、粉丝运营、影响力等。因此，运营者一定要搞清楚大鱼号的成长体系，以便更好、更快地实现晋升。

5.2.1 大鱼指数：5个维度衡量原创

成长体系是大鱼指数的一个升级功能，它不仅让平台运营者更加清晰地看到自己的成长方向和晋升路径，还能让运营者对自己可以获得的权益和服务一目了然，能够更好地激发运营者的创作动力。

大鱼指数包括5个数据维度，分别为原创指数、用户指数、活跃指数、垂直指数和质量指数。在升级为成长体系后，大鱼号平台下线了前面4个指数，只保留了质量指数，并将质量指数作为运营者的晋升指引、运营数据指标和权益获得条件。

大鱼指数下线，不会影响运营者的账号、作品推荐、分成收益和权益的获取。新的成长体系虽然表面上没有了原创指数，但只要运营者保持输出原创内容，同样能够快速获得"原创声明"权益，用来衡量自己的原创程度。

另外，虽然大鱼指数中的垂直指数已经下线，但建议运营者仍然要坚持在同一个垂直领域持续创作，这样有助于平台提高内容推荐的准确性，不仅可以让用户获得更多感兴趣的内容，也可以为运营者带来更多精准粉丝的关注。

5.2.2 质量指数：非常关键时刻关注

质量指数对于一个账号来说非常关键，运营者一定要时刻关注该指数的数值。运营者可以进入大鱼号后台"成长→我的成长"界面，在"晋升指引"下方的"质量"模块中查看账号的信用分，如图5-13所示。

图5-13 查看质量信用分

信用分是实时更新的，作品推荐占比是次日更新。如果运营者的作品无审核问题，则表示可以获得平台推荐。

运营者在查看质量指数时，如果看到质量分突然下降，或者质量分一直保持在某个分数值，迟迟没有上涨，需要通过分析相关作品数据来找出原因。质量指数下降通常包括3个方面的原因，如图5-14所示。

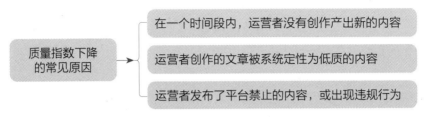

图5-14 质量指数下降的常见原因

笔者建议运营者要结合自己的内容质量进行动态的评估，多提高发文质量，以便在后续系统对账号评估时，可以获得更高的认可，进而提升质量分。

运营者要想让自己的各项得分稳定上涨，就需要在平台上持续输出优质的内容，这是基础条件。下面介绍一些能帮助运营者有效提高质量指数的技巧，如图5-15所示。

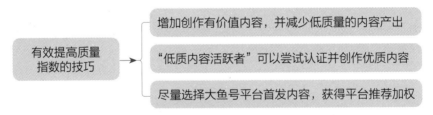

图5-15 有效提高质量指数的技巧

5.2.3 成长等级：了解账号晋升规则

当大鱼号运营者转正后，可以进入"我的成长"界面，查看最新最全的晋升规则以及需提升的数据指标，具体数值建议以界面信息为准。

运营者要成为"金银铜V"，涉及的模块包括原创、质量（质量指数、信用分）、活跃（发文篇数、发文天数）、粉丝（粉丝数）、合规（实名认证）。申请晋升"金V"的审核时间通常为10～15个工作日，运营者可以留意成长等级界面的审核结果。

需要注意的是，除了运营者自身努力达到晋升要求外，平台也会对运营者的账号进行综合评估，来择优开通"金V"。

当运营者晋升的申请没有通过平台审核时，还有15天的调整期。运营者可以在调整期内优化自己的各项指标，当满足晋升条件后，可以再次晋升提交申请。建议运营者仔细查看系统拒绝晋升的原因，在这15天的调整期内做好账号运营工作。

5.3 信用分数：体现账号健康程度

大鱼号信用分是指运营者在大鱼平台上的违规扣分情况，信用分越高代表账号违规情况越少。没有违规情况以及新注册的大鱼账号，信用分都是满分100。如果账号的信用分值被扣到了0分，大鱼平台会对该账号作封号处理。

大鱼号信用分是衡量运营者账号"健康"程度的具体数据，运营者的信用分值越高，说明他的账号运营情况就越好。扣减相应分值的情况包括以下3类账号。

① 有违规历史记录的账号。
② 正处于惩罚期的账号。
③ 已经过了惩罚期的账号。

5.3.1 账号信用：查看具体的信用分

运营者可以进入大鱼号后台，在左侧导航栏中单击"我的账号→信用分"按钮，进入"我的信用分"界面，查看自己当前的信用分，以及相关的扣减奖励加分、违规撤销记录等信息，如图5-16所示。

图5-16 查看账号信用分

大鱼号运营者可以在"我的信用分"界面中的"信用分介绍"部分查看大鱼号信用分规则。具体的规则内容会在下一小节中具体说明。

当大鱼号运营者的信用分出现扣减或撤销等情况时，平台都会通过通知、短信、邮件等方式提醒运营者，说明扣分详情，如图5-17所示。

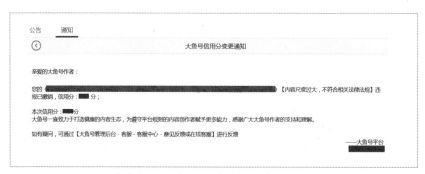

图5-17 平台发出的信用分变更通知

5.3.2 扣分规则：处罚判定牢记于心

大鱼号平台扣除信用分的处罚规则，一般是根据账号目前的剩余分数和本次扣分情况综合判定的，具体扣分规则有以下4个。

①如果账号目前的分值不低于80分，并且本次扣分不高于50分，那么扣

分就不会被禁言和封禁。

②如果扣分高于50,大鱼平台会根据此次扣除的分数,每多5分就增加禁言天数1天。

③如果账号目前分数少于80分,那么只要被扣分,本次扣除的分数每5分增加禁言天数1天。

④如果分数被扣到0分或者0分以下,账号会被永久封禁。

表5-1为大鱼号信用分扣分的违规行为和单次扣分数额。(以官方平台公布为准)

表5-1 大鱼号信用分扣分的违规行为和单次扣分数额

违规类型	违规行为	单次扣分
账号行为	账号资料中含有违规信息,包括反动、敏感、违法类	扣100分
	盗用他人账号主体和身份	
	滥用平台各项功能,含有反动、敏感、违法类内容	
	滥用平台各项功能,含有色情内容,或造成用户财务/精神上的损失	扣50分
	滥用平台各项功能,变相售卖(实物或虚拟)商品	扣35分
	侵权抄袭行为	
	滥用平台各项功能,含有欺诈内容	扣20分
	不符合平台规定,滥用平台各项功能	扣10分
	存在广告刷量、作弊等行为	扣5分
内容发布	假冒官方人员发布内容	扣100分
	发布严重违反现行政策与法规的内容	扣50分
	发布涉黄、诽谤类等内容	
	发布虚假新闻等内容	扣35分
	发布违反相关法律禁止、涉嫌引导他人违法等内容	
	发布侵犯个人隐私/名誉权等信息	扣20分
	发布过期、旧闻等内容	扣10分
	发布机器翻译洗稿、语义不明等内容	
	发布诱导性标题(标题党)、诱导点击等内容	
	发布医美保健、财经荐股等涉嫌或被认定为虚假、不实、欺诈信息	扣5分

需要注意的是，大鱼号平台的扣分规则会根据运营情况进行调整，新规则上线前将会按照此前版本规则执行扣分和处罚。因此，运营者需要遵守大鱼平台的运营规则，尽量不被扣除信用分，以保证大鱼账号的正常运营。

5.3.3 修正违规：寻找方法恢复信用

对于众多运营者的扣分恢复需求，大鱼号平台还制定了相应的信用分恢复规则，帮助运营者更好地修正自身违规行为，让能够在违规后积极健康运营账号的运营者逐步恢复信用分，以便获得更多功能和权限，相关介绍如图5-18所示。

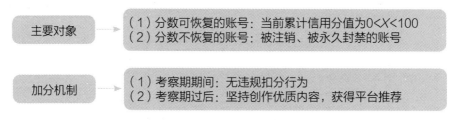

图5-18 信用分恢复规则相关介绍

当运营者通过考察期后，如果创作的内容符合加分机制，当天可获得2分，该分会在次日10点前添加到信用分中。

如果运营者的信用分被误扣，或者扣分有异议，可以进入大鱼号后台的"客服中心→意见反馈"界面，在"反馈类型"列表框中选择对应的反馈类型，并提交相关作品标题信息进行申诉，平台核实后，会及时回复处理。

第 6 章

公众号：
用数据构建专属
私域流量池

有些运营者会感到疑惑，同样作了努力，为什么效果千差万别呢？其中一个重要原因就是有没有找到用户真正需要什么。不同类型的账号，用户是不同的，这就需要运营者从公众号后台的客观数据出发找寻真相，用数据构建专属私域流量池。

6.1 用户数据：绘制精准的用户画像

微信公众号营销已经成为时下营销的一种趋势，它的后台数据与用户的行为有着密切的关系，这种关系造就了微信公众平台营销的成功。本节就其用户数据进行分析，以便帮助读者去了解账号的发展情况。

6.1.1 新增人数趋势图：判断宣传效果

在微信公众平台的"新增人数"趋势图中，运营者可选择"最近30天""最近15天""最近7天"这几个时间段查看"新增人数"的趋势图。

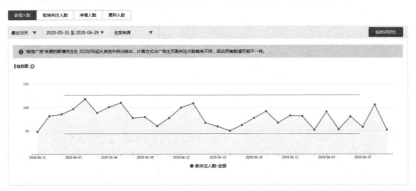

图6-1 微信公众平台用户新增人数趋势折线图

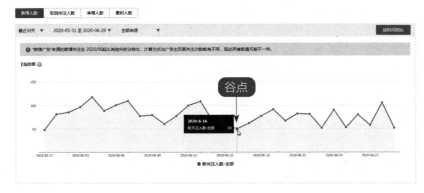

图6-2 显示具体日期数据的用户新增人数趋势折线图

图6-1为"手机摄影构图大全"微信公众号表现用户新增人数趋势情况的折线图。在该趋势图上,将鼠标指向不同的节点(日期点),还能够看到该日期下的详细的新增人数数据,如图6-2所示。

分析新增人数的趋势数据图,有两方面的意义。

①观察新增人数的趋势,可以以此判断不同时间段的宣传效果。

整体趋势:从图上可以看出,新关注人数趋势虽然有起有伏,但整体上比较平稳,可见在宣传推广上还是不曾懈怠的,时常有吸引用户关注的推广活动,从而取得了非常不错的宣传效果。

②观察趋势图的"峰点"和"谷点",可分析出不寻常情况出现的原因。

谷点:表示的是趋势图上突然下降的节点。它与"峰点"相对,都是趋势图中的特殊的点,意味着平台推送可能产生了不同寻常的效果。

图中谷点是2020年6月16日的新关注人数,数值为50人。那么,为什么这一天的新关注人数呈现出"谷点"的趋势?此时就需要找出原因——是因为平台内容不吸引人、关键词布局不合理、文章标题没有吸引力,还是其他的原因——等查明原因后,运营者就相当于积累了一次经验,以后可以避免出现这一情况,并把这种经验复制下去,以便不断地获得更好的效果。

从平台发展情况方面来看,"用户增长"数据反映的是平台用户数量变化。从用户的数量变化中,运营者可以得知一些信息,如图6-3所示。

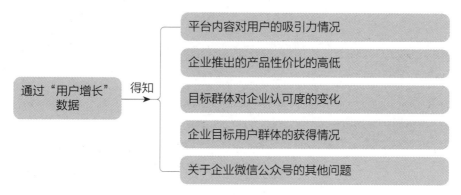

图6-3 通过"用户增长"数据可以得知的信息

6.1.2 取消关注人数：一定要重视起来

"取消关注人数"也是微信运营者要着重考察的数据，因为维持一个老客户比增加一个新客户的成本要低得多。因此，如果企业的微信公众号遇到了取消关注的情况，一定要重视起来，尤其是那种持续"掉粉"的情况，企业更要分析其中的原因，尽可能避免这种情况出现。

在"手机摄影构图大全"微信公众平台，"最近30天"的"取消关注人数"的数据趋势图，如图6-4所示。

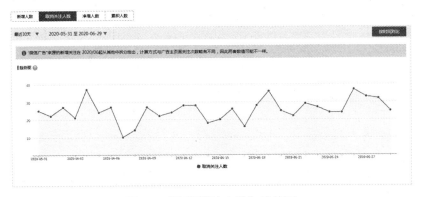

图6-4 "取消关注人数"趋势图

"取消关注人数"和"新增人数"的数据一样，都能够选择"最近7天""最近15天""最近30天"或者自定义时间查看趋势图。

一般来说，用户取消关注微信公众号的原因有很多种，下面总结了几种常见原因，如图6-5所示。

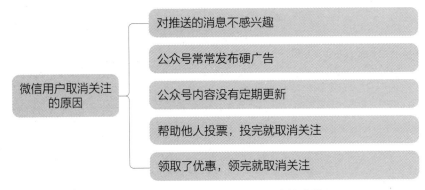

图6-5 微信用户对微信公众号取消关注的原因

通常来说，用户取消关注最大的原因是对推送的消息不感兴趣，如果公众号的取消关注人数一直在增加，运营者就要从以上几个方面查找原因了。

6.1.3 净增人数：对比不同时间推广效果

微信公众平台的"净增人数"是用来衡量一定时期内用户的净增人数，看了"新增人数"和"取消关注人数"之后，可能运营者还是不知道每天净增了多少用户，此时，运营者不妨查看"净增人数"趋势图。

净增人数是检验企业推广效果的很好手段。假设企业在两个不同的时间点展开了不同内容的推广，可以将这两个时间段的数据进行对比，从而判断不同的推广产生的效果有什么不同。

图6-6为微信公众号"手机摄影构图大全"2020年5月31日~6月29日和2020年5月1日~5月30日之间净增人数的数据对比。

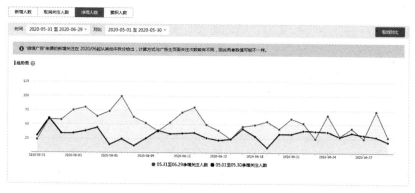

图6-6 "净增人数"数据对比

6.2 用户画像：用数据了解精准用户

粉丝经济时代，用户画像在任何领域都能够起到非常重要的作用，它可以让运营者更好地了解精准用户。运营者通过用户调研、数据分析、问卷访谈等方式，将用户的一些基本信息和行为属性综合起来得出用户的精准画像，使用户这个角色更加立体化、个性化、形象化，帮助运营者针对用户的属性特点找出最好的运营方式。

6.2.1 了解用户，必须构建用户画像

用户画像又叫用户角色，是团队用来分析用户行为、动机、个人喜好的一种工具。用户画像能够让团队更加聚焦用户群体，对目标用户群体有更为精准的了解和分析。

对于微信公众号运营者来说，如果没有一个精准的期望目标，用户画像模糊，比如既囊括了男人女人、老人小孩，又囊括了文艺青年、热衷八卦的青年等，这样的公众号终究会走向消亡。

用户画像除了包括性别、年龄、收入、教育水平、地域、职业、消费偏好、兴趣爱好、生活状态等常见要素之外，还有很多细化的内容，例如：星座、婚否、身高体型、购买力、购物类型、颜色偏好、消费信用水平、是否有房车、心理健康程度、社交类型和活跃度等。

对于微信公众平台来说，每一个平台都是为特定的用户提供服务的，不存在平台适合每一个人，作为一种虚拟形象存在的用户画像，它并不是运营者脱离实际虚构出来的，而是由一群有代表性的用户群体和目标受众的各类数据总结而来的。

用户画像最核心的作用是给用户打上标签，以便实现数据的分类统计。例如，在北京地区的用户有多少，喜欢唱歌的用户有多少，男性用户和女性用户分别是多少等。

除了利用用户画像数据做最简单的数据分类统计之外，还可以进行关联数据计算和聚类数据分析等。例如，在北京地区的女性用户占多少比例，在北京地区的用户年龄分布情况等。

用户画像通过大数据处理，为运营者带来了更为便利、精准的数据结果，让运营者在投放广告、投放平台内容的时候，能够准确地抓住用户的心理，将运营者想要展现的信息投放出去，实现他们的营销需求。

在学习构建用户画像之前，微信公众号运营者必须知道一个优秀的、令人

信服的用户画像需要满足哪些条件，如图6-7所示。

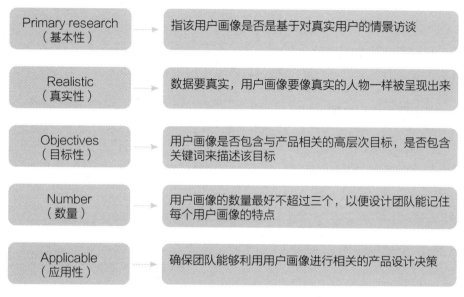

图6-7 用户画像需要满足的条件

要想创建好用户画像，运营者主要需要做好5个步骤，如图6-8所示。

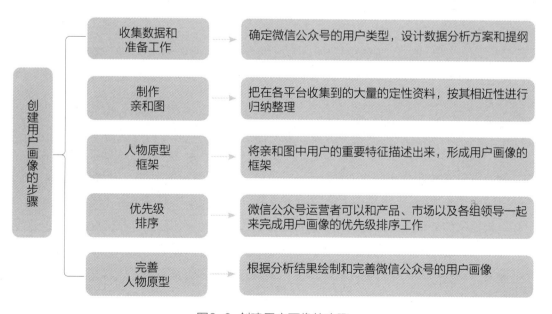

图6-8 创建用户画像的步骤

6.2.2 微信公众平台：用户画像数据分析

在微信公众平台的"用户分析"功能中，运营者可以了解用户的分布属性，对用户画像数据进行分析。下面以微信公众号"手机摄影构图大全"为例，主要从性别、年龄、语言和地域4个方面进行介绍。

（1）用户性别数据分析

在运营微信公众号的过程中，如果运营者想要知道用户的性别属性，可以在微信公众平台的"用户分析"页面用户属性单击"用户属性"按钮，如图6-9所示。

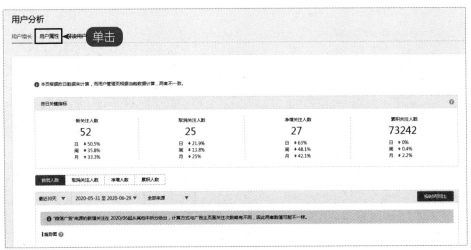

图6-9 单击"用户属性"按钮

执行操作后，进入"用户属性"页面就能查看微信公众平台的性别分布图。把鼠标放在分布图上，能看到分布的数据，如图6-10所示。从图6-10中可以看出，"手机摄影构图大全"的男性用户比女性用户要多一些，运营者可以根据微信公众号的定位来判断这样的比例是否与目标用户群体相匹配。

因为用户的性别比例相差不大，所以运营者在发布图文消息的时候，要兼顾男性用户和女性用户的习惯和行为模式，这就要求运营者对"摄影构图"的内容有更为精细化的分类。

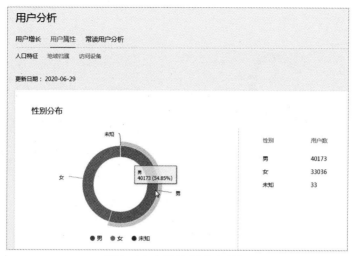

图6-10 查看性别分布数据

笔者认为,运营者可以将用户按照性别分为女性组和男性组,然后发布一些有个性的或者有针对性的内容。例如,针对女性用户,可以发布一些和美妆、情感、闺蜜相关的手机构图知识。而针对男性用户,则发布一些黑科技、美剧大片相关的手机构图知识。笔者在这里只是举例说明,详细的策略还需要各运营者自行揣摩和研究。

提醒各微信公众号运营者,因为微信平台对每一位用户的信息都是保密的,因此运营者在对男女性别进行分类的时候可能会遇到困难,但是笔者可以教大家一个方法,就是看用户的姓名和头像。

现在玩微信的人很少会出现以前QQ上的那种"非主流"的名字,很多人的名字都比较有特点,可以通过名字分辨男女,而且很多用户的头像很有代表性,运营者可以通过用户的头像和名字来辨别用户的性别。

(2) 用户年龄数据分析

用户年龄分布数据在用户性别分布的下方,通过该数据,运营者可以了解关注账号的人群主要处于哪些年龄段。图6-11为微信公众号"手机摄影构图大全"的用户年龄分布数据。

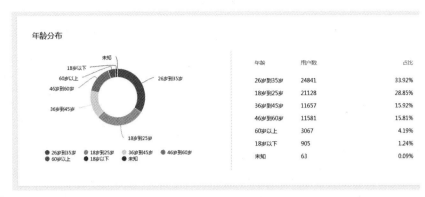

图6-11 年龄分布数据

（3）用户语言数据分析

在"年龄分布"的下方，就是"语言分布"。图6-12为微信公众号"手机摄影构图大全"的语言分布图。

图6-12 语言分布图

从图6-12中可以看出，"手机摄影构图大全"的用户群体中，使用简体中文的用户数量为71664人，使用英文的用户数量为663人，使用未知语言的用户数量为480人，使用繁体中文的用户为435人。

（4）用户地域数据分析

2015年9月，微信公众平台对用户的地理位置数据进行了优化，这给运营者带来了极大的便利——提供省份和城市的分布情况。运营者单击"用户属性"下方的"地域归属"按钮，可以查看用户"省份分布""地级分布"数据，了解用户主要来自于哪里。

①省份分布。"省份分布"能够让运营者看到用户在各省的分布情况。在"省份分布"图的左侧是一张省份地图，将鼠标放在地图上，就会出现相应省份的名称和该省份的用户数量。"省份分布"的右侧则是省份对应用户数的具体数据情况。图6-13为微信公众号"手机摄影构图大全"的省份对应用户数的具体数据。

地域	用户数	占比
广东省	12894	17.96%
浙江省	4805	6.69%
江苏省	4637	6.46%
四川省	3702	5.16%
北京	3614	5.03%
山东省	3493	4.87%
湖南省	3238	4.51%

图6-13 省份对应用户数的具体数据

②地级分布。"地级分布"的数据在"省份分布"数据的下方，运营者可以选择某个省份，查看该省城市用户的分布情况。图6-14为"手机摄影构图大全"广东省地级分布对应用户数的具体数据。

地域	用户数	占比
深圳	3200	32.18%
广州	2603	26.18%
佛山	465	4.68%
湛江	377	3.79%
东莞	376	3.78%
珠海	348	3.50%
汕头	335	3.37%

图6-14 广东省地级分布对应用户数的具体数据

微信公众号运营者可以根据地域分布进行营销,主要的营销思路有3个,如图6-15所示。

图6-15 根据地域分布进行营销的思路

6.3 内容分析:找准渠道推送优质内容

运营者向用户推送图文和视频等内容,能够起到信息传播、吸引用户的作用,因此分析内容效果,对于运营者来说,是非常重要的一环。微信公众平台的内容分析主要包括"群发分析"和"视频分析"。本节以"群发分析"为例,为大家介绍利微信公众平台内容分析的方法,帮助大家找准渠道,更好地进行优质内容的推送。

6.3.1 单篇群发数据:了解更多详细信息

在"单篇图文"数据统计页面中可以看到的内容有:文章标题、时间、阅读次数、分享次数、阅读后关注人数、送达阅读率、阅读完成率、操作。

其实除了阅读次数、分享次数和阅读后关注人数之外,运营者还可单击"操作"栏下的"详情"按钮,进入"单篇群发数据"界面,有针对性地对每一篇图文消息进行数据分析。

"单篇群发数据"界面主要包括5个方面的数据,即"送达转化""分享转化""数据趋势""阅读完成情况""用户画像"。

图6-16为某篇微信公众号文章的"送达转化"图,可以看到在该图中主

要对"送达人数"和"公众号消息阅读次数"进行了展示。

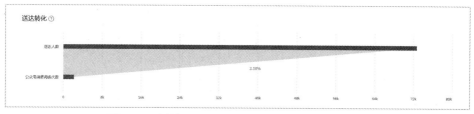

图6-16 某篇微信公众号文章的"送达转化"图

图6-17为某篇微信公众号文章的"分享转化"图,可以看到在该图中主要对"公众号消息阅读次数""首次分享次数""总分享次数""分享产生的阅读次数"进行了展示。

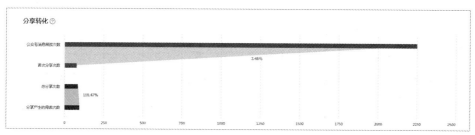

图6-17 某篇微信公众号文章的"分享转化"图

"数据趋势"部分主要包括两个方面的数据,一是"数据指标"(包括图文阅读和图文分享),二是"传播渠道"(包括公众号消息、聊天会话、朋友圈、朋友在看、看一看精选、搜一搜、历史消息和其他)。图6-18为某篇微信公众号文章的"数据趋势"图。

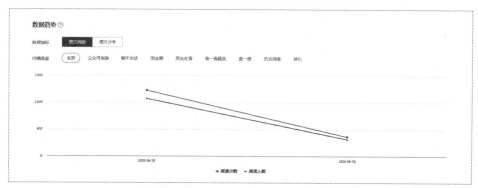

图6-18 某篇微信公众号文章的"数据趋势"图

"阅读完成情况"部分主要包括两个方面的数据，一是跳出比例（跳出比例=滑动到该浏览位置离开图文消息页的人数/阅读该图文总人数），二是仍读比例（仍读比例=滑动到该浏览位置仍然还在阅读的人数/阅读该图文总人数）。图6-19为某篇微信公众号文章"阅读完成情况"中的"跳出比例"图。

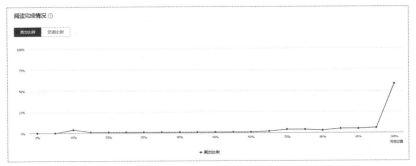

图6-19 某篇微信公众号文章"阅读完成情况"中的"跳出比例"图

"用户画像"部分主要包括3个方面的数据，即"性别分布""年龄分布""地域分布"。图6-20为某篇微信公众号文章"用户画像"中的"性别分布"和"年龄分布"图。

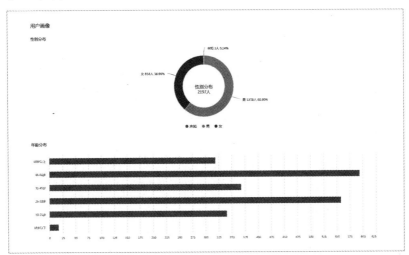

图6-20 某篇微信公众号文章"用户画像"中的"性别发布"和"年龄分布"图

"用户画像"中的"地域分布"包括两方面的内容，一是呈现用户数量的地图，二是对应地域的用户数和占比。图6-21为某篇微信公众号文章对应地域的用户数和占比数据。

地域	用户数	占比
广东省	335	15%
四川省	132	6%
浙江省	132	6%
江苏省	130	6%
北京	121	6%
上海	116	5%
广西	102	5%

图6-21 某篇微信公众号文章对应地域的用户数和占比数据

6.3.2 全部群发数据：掌握整体运营情况

在"内容分析"的"群发分析"页面中，主要展示了"昨日关键指标"和"数据趋势"这两部分的数据。

图6-22为某微信公众号的"昨日关键指标"图，可以看到该图中主要对"阅读（次）""分享（次）""完成阅读（次）"的相关数据进行了展示。

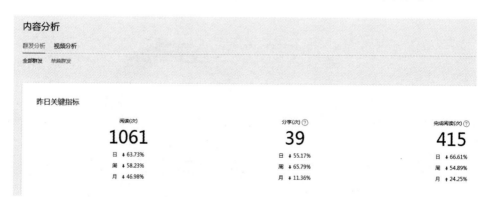

图6-22 某微信公众号的"昨日关键指标"图

"数据趋势"部分可对"数据类型"（包括日报和小时报，日报是将每一天作为一个节点，小时报是将每个小时作为一个节点）、"数据指标"（包括阅读、分享、跳转阅读原文、微信收藏和群发篇数）、"数据时间"（可自主设置）、"传播渠道"（包括公众号消息、聊天会话、朋友圈、朋友在看、看一看精选、搜一搜、历史信息和其他）进行选择和设置。设置完成后，下方的"数据趋势"图和"渠道构成"图会随之发生变化。图6-23、图6-24分别为某微信公众号的"数据趋势"图和"渠道构成"图。

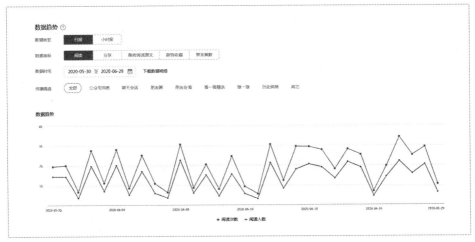

图6-23 某微信公众号的"数据趋势"图

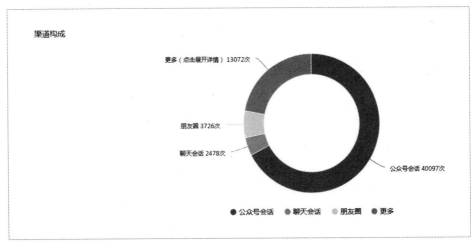

图6-24 某微信公众号的"渠道构成"图

6.4 消息分析：找到用户需求的关键点

对运营者来说，用户发送的消息是了解用户及其需求的重要入口和内容，因此，对微信公众平台提供的消息数据进行分析，可以在了解用户需求的基础上找到更准确的运营方向。

6.4.1 消息月报：判断用户的长期积极性

消息分析功能中，最后一个功能模块就是"月报"，和"小时报""日报""周报"一样，包括"关键指标详解""消息发送次数分布图""详细数据"这三大内容，"月报"主要用于判断微信用户是否具备长期的积极性。

图6-25为2020年4月1日～2020年6月30日之间的"消息发送人数"数据的趋势图。从这个趋势图可以看出，2020年4月至5月的"消息发送人数"明显减少，而2020年5月至6月的"消息发送人数"的数据变化相对较小。这个时候，运营者要找出2020年4月至5月数据发生如此明显变化的原因。

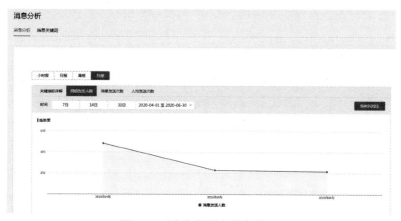

图6-25 消息发送人数趋势图

除了查看"消息发送人数"的趋势图，运营者还可以切换到"消息发送次数""人均发送次数"选项，查看相应的指标趋势图。

在“关键指标详解”数据下，是“消息发送次数分布图”和“详细数据”数据表，如图6-26所示。“消息发送次数分布图”表明了某个时间段用户发送消息次数对应的人数和占比情况，而在“详细数据”数据表中，则会对每个月的“消息发送人数”“消息发送次数”“人均发送次数”等数据进行展示。

消息发送次数分布图

消息发送次数	消息发送人数	占比
1-5次	506(82.54%)	
6-10次	62(10.11%)	
10次以上	45(7.34%)	

详细数据　　导出Excel

时间	消息发送人数	消息发送次数	人均发送次数
2020-06-01	217	798	3.7
2020-05-01	228	720	3.2
2020-04-01	482	1046	2.2

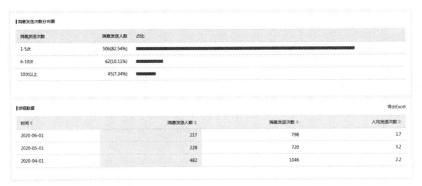

图6-26 “消息发送次数分布图”和“详细数据”数据表

6.4.2 消息关键词：判断用户的需求模块

在“消息分析”页面中，还有一个运营者需要重点关注的数据，那就是“消息关键词”数据。图6-27为微信公众号“手机摄影构图大全”的“全部”消息关键词页面。在消息关键词数据中，还包括“自定义关键词”“非自定义关键词”，下面分别进行讲述。

排行	消息关键词	出现次数	占比
1	主题名称	91	
2	拍摄手机	78	
3	黑龙江佳木斯	67	
4	后期软件	65	
5	huawei	63	
6	p20	63	
7	平安是福	63	
8	主题解说	59	
9	美图秀秀	35	
10	华为p20	30	

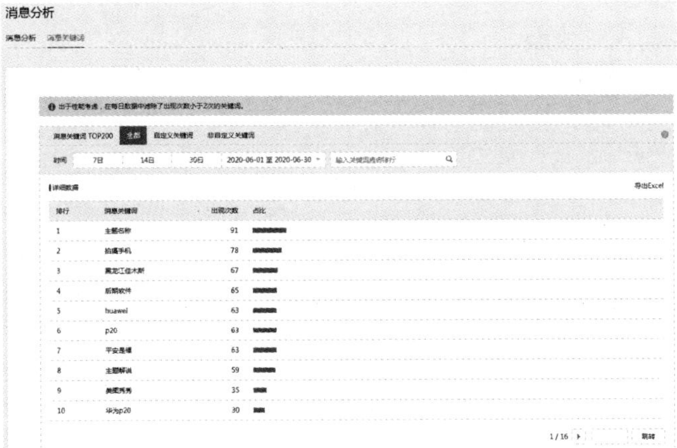

图6-27 “全部”消息关键词

（1）自定义关键词

运营者单击"自定义关键词"按钮，就能进入自定义关键词页面。图6-28为微信公众号"手机摄影构图大全"的自定义关键词数据分析页面。

图6-28 "自定义关键词"数据分析页面

（2）非自定义关键词

非自定义关键词并不是运营者定义的关键词，而是用户发布的消息中不包含平台设置的关键词，当同一个词语出现超过两次时，平台就会将该数据记录下来，作为非自定义关键词进行统计排名。图6-29为微信公众号"手机摄影构图大全"的"非自定义关键词"页面。

图6-29 "非自定义关键词"数据分析页面

在该页面中，运营者可以对非自定义关键词进行分析，还可以通过这类关键词找出用户的需求点，挖掘更多创新的模式。

6.5 其他数据分析：纵观全局迎击痛点

在微信公众平台中，除了用户、内容和消息数据之外，运营者还需要了解一些其他方面的数据。本节将向大家介绍5种其他数据，帮助大家纵观全局，解决公众号的运营痛点。

6.5.1 菜单分析：了解菜单点击数据

在数据分析中，有一个很重要的数据分析板块是"菜单分析"。单击"菜单分析"功能项目，进入菜单分析页面，运营者首先看到的是"昨日关键指标"。"昨日关键指标"包括"菜单点击次数""菜单点击人数""人均点击次数"，微信公众号运营者可以在该板块看到相关数据和对应的数据趋势图，如图6-30所示。

图6-30 "昨日关键指标"的数据和数据趋势图

在趋势图下面，是对应时间段内菜单及子菜单的数据表格，如图6-31所示。

图6-31 对应时间段内菜单及子菜单的数据表格

6.5.2 接口分析：检验接口是否理想

微信公众号运营者在微信公众平台单击"统计"一栏下的"接口分析"按钮，就能进入"接口分析"页面。"接口分析"是用来检验消息接口是否理想的一种手段。进入"接口分析"页面之后，首先看到的是"日报"的"昨日关键指标"，如图6-32所示。

图6-32 "日报"的"昨日关键指标"

在系统默认的情况下，"接口分析"页面中会以"日报"的形式，对相关数据和趋势图进行呈现。如果公众号运营者需要查看"小时报"数据和趋势图，可以单击界面中的"小时报"按钮，对呈现的内容进行调整。

在"昨日关键指标"下方，是"关键指标详解"的趋势图，该图中包括的信息有"调用次数""失败率""平均耗时""最大耗时"。图6-33为"调用次数"的趋势图。

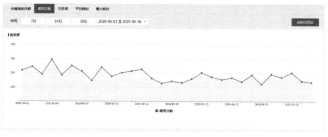

图6-33 "调用次数"趋势图

“接口分析”的基本操作与前面的用户、内容和消息分析的操作差不多，分析接口的趋势图主要是让公众号运营者知道接口开发功能的使用效率，分析是否有需要改进的地方。

“接口分析”的最下面也有“详细数据”的表格，运营者可以在数据表格上非常直观地查看各个数据的数值，还能够将表格导出来做详细分析，如图6-34所示。

详细数据　　导出Excel

时间	调用次数	失败次数	失败率	总共耗时(毫秒)	平均耗时(毫秒)	最大耗时(毫秒)
2020-06-30	135	0	0%	16398	121.47	169
2020-06-29	143	0	0%	17226	120.46	160
2020-06-28	202	0	0%	24165	119.63	183
2020-06-27	169	0	0%	20365	120.50	172
2020-06-26	191	0	0%	22906	119.93	171
2020-06-25	121	0	0%	14031	115.96	186
2020-06-24	186	0	0%	22439	120.64	196
2020-06-23	139	0	0%	16902	121.60	173
2020-06-22	166	0	0%	20647	124.38	204
2020-06-21	153	0	0%	18922	123.67	173
2020-06-20	172	0	0%	20744	120.60	170
2020-06-19	202	0	0%	24626	121.91	192
2020-06-18	158	0	0%	19695	124.65	233
2020-06-17	131	0	0%	15872	121.16	204

1 / 3　跳转

图6-34 “详细数据”表格

6.5.3 多客服分析：优化多对多功能

“多客服”功能就是能够帮助运营人员实现多对多交流的一种功能模式。合理地运用“多客服”功能模式，能够起到提高用户的服务体验、提高运营者与用户交流效率的作用。

对于销售商品的运营者来说，“多客服”功能能够实现的作用就更广泛了，主要包括与客户更便捷的沟通、为客户答疑解惑和促使客户下单。

多客服的最大的特点体现在“多”这个字上，就是一个账号可以拥有多个客服，企业可以将这些客服进行分类，例如“售前客服”“售中客服”“售后客服”等，也可以分为“投诉客服”“销售客服”“退货换货客服”等，将这些客服的功能职责进行分类后，就可以根据趋势图查看每一个客服种类的趋势图，从中可以发现很多问题。

6.5.4 投票管理分析：从目的看结果

"投票管理"功能是一个很好的可供分析的项目，对投票结果进行分析，需要从发起投票的目的出发。通常来说，企业发起投票的目的主要包括引起用户的关注、激发用户的活跃度、提高用户的参与度、了解用户的需求和了解平台的优势劣势。

6.5.5 卡券功能分析：评估卡券营销

"卡券"功能帮助微信公众号实现了线上线下营销方式，通过"卡券"功能，企业可以和消费者建立起一种新型的营销渠道，其主要操作的方式为企业向用户发放代金券、折扣券、礼品券、团购券或优惠券，用户拿着券去线上线下店铺进行消费。

对于企业来说，在利用卡券功能吸引消费者的时候，要注意3个方面的问题，如图6-35所示。

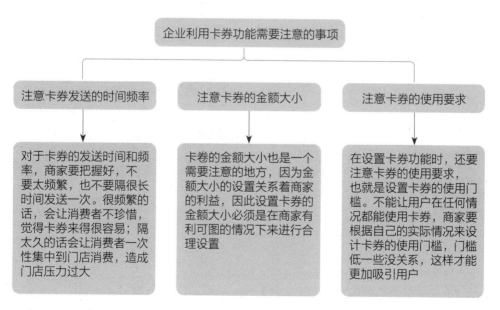

图6-35 微信平台使用卡券需要注意的事项

第 7 章

抖音号：用数据驱动用户和收益增长

在运营抖音号的过程中，运营者要想准确判断和了解账号运营的效果，就需要用数据驱动用户促进收益的增长。

那么，有哪些数据是需要运营者重点把握的？又该如何查看这些数据呢？这一章就重点解答这两个问题。

7.1 基础数据：全面评估账号运营

与头条号、大鱼号和微信公众号等平台不同的是，如果抖音号的粉丝不到1000，后台中有一板块数据是无法查询的，得借助其他平台查询数据。能够查询抖音数据的平台比较多，本章就以"飞瓜数据"这个平台为例来进行分析。

在飞瓜数据PC端，用户只要进入官网首页，查询抖音号便可直接看到账号的数据概览情况。具体的操作步骤如下。

步骤01 在浏览器中输入"飞瓜数据"，进入其官网默认界面，单击界面中的"抖音版"按钮，如图7-1所示。

图7-1 全部作品的"核心数据"和"数据趋势"图

步骤02 进入"飞瓜数据抖音版"界面，单击界面中的"立即使用"按钮，如图7-2所示。

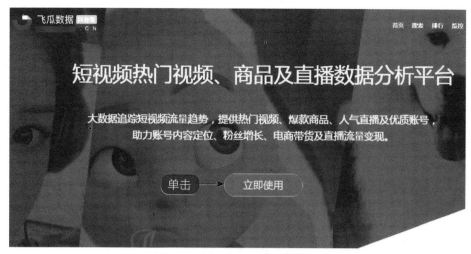

图7-2 单击"立即使用"按钮

步骤03 操作完成后，会弹出扫码登录提示框。扫码登录之后，❶单击"播主查找→播主搜索"按钮；❷在搜索栏中输入搜索关键词，如图7-3所示。

步骤04 进入搜索结果界面，从搜索结果中选择需要查看数据的账号。例如，笔者搜索的是"手机摄影构图大全"，只需在搜索结果中单击手机摄影构图大全这个抖音号后方的"查看详情"按钮即可，如图7-4所示。

步骤05 操作完成后，进入账号数据的查询界面，抖音号运营者便可以查看账号的基础数据，对账号的运营情况进行全面评估。

图7-3 输入搜索关键词

图7-4 单击"查看详情"按钮

在飞瓜数据这个平台中,抖音号的数据概况主要包括哪些内容呢?这一节就来具体解读。

7.1.1 数据概览:大致了解运营情况

在飞瓜数据中,可以查询两个方面的数据概览,了解账号的运营情况。一是在"数据概览"界面中有"数据概览"这一项,运营者可以查询账号的"最新作品数""粉丝增量""新增点赞""新增评论""新增转发""新增直播"数据。图7-5为某账号的"数据概览"页面。

图7-5 某账号的"数据概览"页面

二是在账号基本信息的下方会呈现"数据概览""巨量星图指数"和其他的账号相关数据,如图7-6所示。

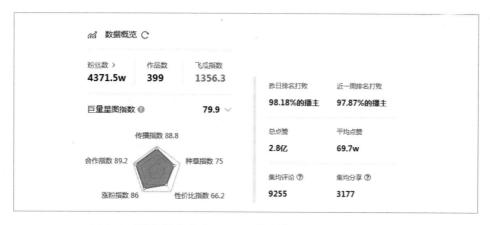

图7-6 "数据概览""巨量星图指数"和其他的账号相关数据

7.1.2 粉丝趋势：查看增量总量变化

"粉丝趋势"位于"数据概览"界面中"数据概览"板块的下方。在"粉丝趋势"板块，抖音号运营者可以查看粉丝的增量或总量的变化趋势。通常来说，当粉丝增量为整数时，账号的粉丝总量会随之增加。

运营者将鼠标停留在趋势图的某个位置，还能查看某一天的具体粉丝数。图7-7为某抖音号的粉丝增量变化趋势图。

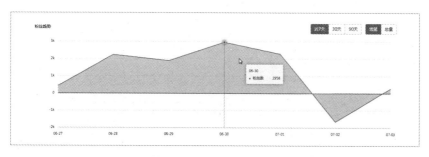

图7-7 某抖音号的粉丝增量变化趋势图

7.1.3 点赞趋势：了解数据变化情况

"点赞趋势"位于"粉丝趋势"板块的下方。在"点赞趋势"板块，运营者可以查看点赞的增量或总量的变化趋势。通常来说，点赞增量为正数时，账号的点赞总量也会随之增加。

同样的，运营者将鼠标停留在趋势图的某个位置，还能查看某一天的具体点赞量。图7-8为某抖音号的点赞增量变化趋势图。

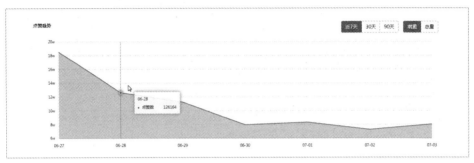

图7-8 某抖音号的点赞增量变化趋势图

7.1.4 评论趋势：判断粉丝的积极性

"评论趋势"位于"点赞趋势"板块的下方。在"评论趋势"板块，运营者可以查看评论的增量或总量的变化趋势，以判断粉丝的参与积极性。通常来说，评论增量为正数时，账号的评论总量增加，粉丝的参与积极性增强。

如果运营者将鼠标停留在趋势图的某个位置，可查看某一天的具体评论量。图7-9为某抖音号的评论增量变化趋势图。

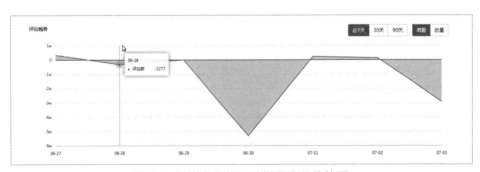

图7-9 某抖音号的评论增量变化趋势图

7.1.5 评论词云：展示用户评论热词

"评论词云"位于"评论趋势"板块的下方。在"评论词云"板块，运营者可以查看用户评论短视频的热词。通常来说，某个词语在用户评论中出现的频率越高，其在"评论词云"中显示的字号就越大。另外，运营者还可以在右侧的搜索栏中输入关键词，查看带有该关键词的用户评论。图7-10为某抖音号的"评论词云"页面。

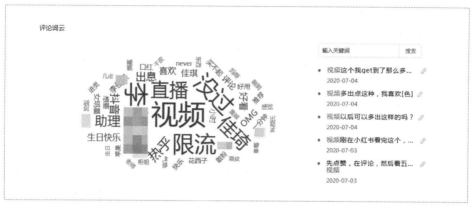

图7-10 某抖音号的"评论词云"页面

7.1.6 近30天作品表现：显示点赞评论变化

"近30天作品表现"位于"评论词云"板块的下方。在"近30天作品表现"板块，运营者可以查看用户近30天来的点赞量和评论量变化图。

虽然该板块名为"近30天作品表现"，但是却只出现10天的数据，只会列出发布了作品的日期的数据情况，因此，下方的日期可能不是连续的。另外，运营者将鼠标停留在图中的某个位置，会显示某一天的点赞量和评论量。图7-11为某抖音号的"近30天作品表现"页面。

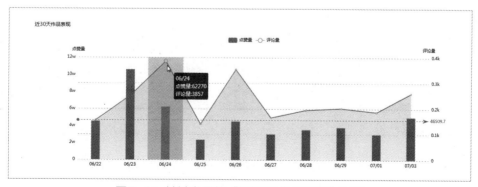

图7-11 某抖音号的"近30天作品表现"页面

7.2 粉丝特征分析：了解粉丝特征

"粉丝特征分析"是飞瓜数据平台中抖音账号数据分析的第二大板块。该板块对"粉丝画像""粉丝兴趣分布""粉丝活跃趋势""粉丝重合抖音号"的数据进行了呈现。运营者可以根据该板块呈现的内容掌握粉丝的特征。

7.2.1 粉丝画像：展示粉丝分布情况

"粉丝画像"是"粉丝特征分析"界面中的第一项内容。在该内容中，展示了"性别分布""年龄分布""地域分布""星座分布"的相关数据。

"性别分布"中会显示该账号中男性和女性粉丝的占比情况。图7-12为某抖音号的性别分布情况。

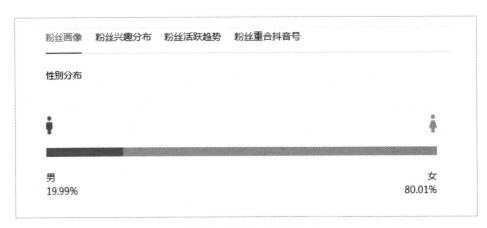

图7-12 某抖音号的性别分布情况

"性别分布"的右侧显示的是"年龄分布"板块的内容。"年龄分布"板块显示的是该账号中每个年龄段的粉丝占比情况。图7-13为某抖音号的年龄分布情况。

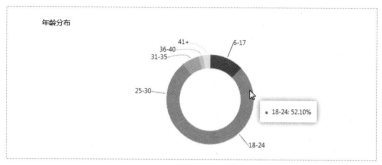

图7-13 某抖音号的年龄分布情况

"性别分布"的下方显示的是"地域分布"板块的内容。"地域分布"板块显示的是该账号中各地域的粉丝占比情况。运营者可以选择"省份"或"城市",查看各省份或各城市的用户占比情况。图7-14为某抖音号的粉丝地域分布情况。

地域分布	省份|城市	地域分布	省份|城市
名称	占比	名称	占比
广东	10.45%	北京	5.87%
山东	7.30%	上海	5.08%
江苏	7.17%	广州	3.87%
河南	7.04%	成都	3.38%
浙江	5.67%	深圳	3.22%
四川	4.90%	重庆	3.21%
河北	4.86%	郑州	2.80%
安徽	4.61%	武汉	2.77%
湖北	4.31%	杭州	2.29%
北京	3.93%	西安	2.20%

图7-14 某抖音号的粉丝地域分布情况

"地域分布"的下方显示的是"星座分布"板块的内容。"星座分布"板块显示的是该账号中各星座的粉丝占比情况。图7-15为某抖音号的粉丝星座分布情况。

图7-15 某抖音号的粉丝星座分布情况

7.2.2 粉丝兴趣分布：判断关心程度

抖音号运营者在"粉丝画像"界面中单击"粉丝兴趣分布"按钮，可进入"粉丝兴趣分布"界面。该界面会列出一些该抖音号粉丝感兴趣的内容的关键词，并用百分比来表示用户对该内容的关心程度。图7-16为某抖音号的粉丝兴趣分布情况。

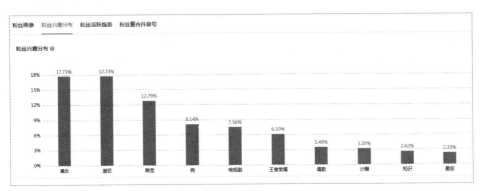

图7-16 某抖音号的粉丝兴趣分布情况

7.2.3 粉丝活跃趋势：选定周期查看

运营者在"粉丝兴趣分布"界面中单击"粉丝活跃趋势"按钮，可进入"粉丝活跃趋势"界面。该界面会呈现"粉丝活跃时间分布""性别分布趋势图""年龄分布趋势图"的相关内容。

"粉丝活跃时间分布"板块可以以天或周为周期，查看某个时间的粉丝活跃占比情况。图7-17为某抖音号的粉丝活跃时间分布情况。

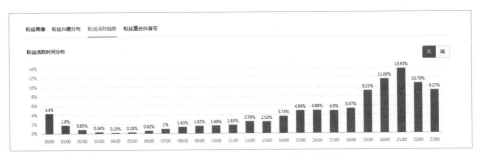

图7-17 某抖音号的粉丝活跃时间分布情况

"粉丝活跃时间分布"的下方是"性别分布趋势图"板块。该板块可以选择查看30天或90天内粉丝性别分布变化趋势情况。图7-18为某抖音号90天内粉丝性别分布变化趋势情况。

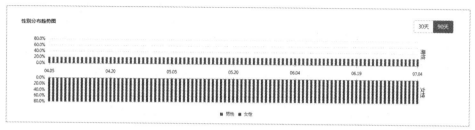

图7-18 某抖音号90天内粉丝性别分布变化趋势情况

"性别分布趋势图"的下方是"年龄分布趋势图"。该板块可以选择查看30天或90天内各年龄段粉丝分布变化趋势情况。运营者可以将鼠标停留在趋势图上查看某一天各年龄段粉丝的占比情况。图7-19为某抖音号90天内各年龄段粉丝的变化趋势情况。

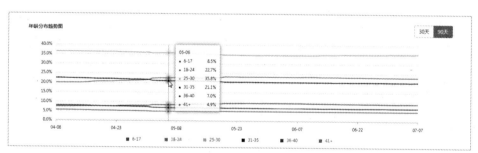

图7-19 某抖音号90天内各年龄段粉丝的变化趋势情况

7.2.4 粉丝重合抖音号：爱你也爱他

抖音号运营者在"粉粉丝活跃趋势"界面中单击"粉丝重合抖音号"按钮，可进入"粉丝重合抖音号"界面。该界面会呈现与当前抖音号粉丝重合度最高的5个抖音号，并展示这5个账号的"分类""粉丝数"及与当前抖音号粉丝的"重合度"。也就是说，你的粉丝对这5个账号发布的内容也很感兴趣。图7-20为某抖音号的"粉丝重合抖音号"界面。

图7-20 某抖音号的"粉丝重合抖音号"界面

7.3 播主视频：两种数据依次呈现

"播主视频"是飞瓜数据平台中抖音账号数据分析的第三大板块。该板块对"数据概览"和"视频作品"数据进行了呈现。

7.3.1 数据概览：作品基本数据展示

"数据概览"是"播主视频"界面中的第一项内容。在该内容中，展示了"作品数""平均点赞数""平均评论""平均分享"的相关数据。运营者可以选择查看"昨天""近7天""30天""90天"这几个时间段的上述几项数据。图7-21为某抖音号的90天播主视频的数据概览。

图7-21 某抖音号的90天播主视频的数据概览

7.3.2 视频作品：查看视频数据详情

"视频作品"位于"数据概览"的下方。在"视频作品"板块，运营者可以查看已发布视频的点赞量、评论量和转发量数据，还可以在搜索栏中输入关键词搜索包含该关键词的视频。图7-22为某抖音号"视频作品"的相关页面。

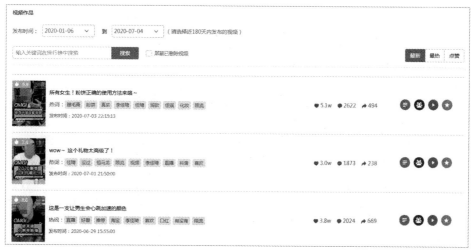

图7-22 某抖音号"视频作品"的相关页面

另外，每个视频的后方都有4个按钮，单击 按钮，可以查看视频的指数分析；单击 按钮，可以查看视频观众分析；单击 按钮，可以播放视频；单击 按钮，可以收藏视频。

以单击 按钮为例，执行操作之后，运营者可进入视频的指数分析界面。在该界面，运营者可以查看"视频热词TOP10""商品热词TOP10"和该视频的"全部评论"。

其中，"视频热词TOP10"中会列出10个视频热词，并通过百分比来表示这些词汇的热门程度。图7-23为某抖音视频"视频热词"的相关页面。

"商品热词TOP10"中会列一些商品热词，并通过百分比来表示这些热词的热门程度。需要说明的是，该处只会显示介绍商品的词语，如果总的词语不到10个，显示的数量便不足10个。图7-24为某抖音视频"商品热词"的相关页面。

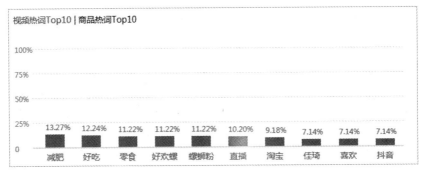

图7-23 某抖音视频"视频热词"的相关页面

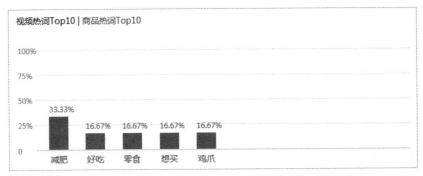

图7-24 某抖音视频"商品热词"的相关页面

"全部评论"会展示用户对该视频的评论内容，每个评论的后方还会显示该评论的点赞量。图7-25为某抖音视频"全部评论"的相关页面。

图7-25 某抖音视频"全部评论"的相关页面

7.4 电商数据分析：了解商品详情

"电商数据分析"是飞瓜数据平台中抖音账号数据分析的第四大板块。该板块对"上榜趋势图"和"商品列表"这两个板块的内容进行了呈现。

7.4.1 上榜趋势图：展示数据排行变化

"上榜趋势图"中可以查看当前账号的电商数据上榜情况。运营者将鼠标停留在图中的某个点上，还可查看某一天的排名情况。图7-26为某抖音号的"上榜趋势图"。

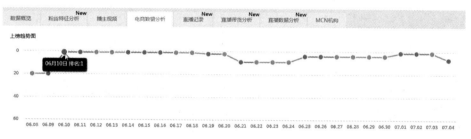

图7-26 某抖音号的"上榜趋势图"

7.4.2 商品列表：查看商品相关数据

"商品列表"位于"上榜趋势图"的下方。在"商品列表"板块，运营者可以选择"合作品牌"或"商品分类"，查看"橱窗商品"或"直播商品"的相关数据情况。

图7-27为某抖音号全部橱窗商品的数据分析页面。可以看到，该页面对"播主关联视频点赞总量""播主关联视频数""抖音访客量总量""全网销量总量""售价"等数据进行了呈现。

图7-27 某抖音号全部橱窗商品的数据分析页面

7.5 直播记录：直播相关数据展示

"直播记录"是飞瓜数据平台中抖音账号数据分析的第五大板块。该板块对"数据概览"和"直播列表"这两个板块的内容进行了呈现。

7.5.1 数据概览：直播基础信息统计

"数据概览"板块包含"音浪增量""新增直播场次""直播粉丝团数据增量""直播商品数""直播销量（预估）""直播销售额（预估）"。图7-28为某抖音号的"数据概览"页面。

图7-28 某抖音号的"数据概览"页面

7.5.2 直播列表：每场直播信息介绍

"直播列表"位于"数据概览"的下方。在"直播列表"板块，运营者可以查看每场直播的"开播时间""直播时长""音浪""人数峰值""上架商品数"。图7-29为某抖音号的"直播列表"页面。

图7-29 某抖音号的"直播列表"页面

7.6 直播带货分析：查看销售情况

"直播带货分析"是飞瓜数据平台中抖音账号数据分析的第六大板块。该板块对"数据概览"和"直播热门商品""直播观众分析"这3个板块的内容进行了呈现。

7.6.1 数据概览：直播基础信息统计

运营者单击"直播记录"界面中的"直播带货分析"按钮，可进入"直播带货分析"界面，查看直播带货的数据概览。

具体来说，在"数据概览"板块，对"直播带货场次""场均直播时长""场均人数峰值""关联商品数""场均销量""场均销售额"数据进行了呈现。图7-30为某抖音号直播带货的数据概览。

图7-30 某抖音号直播带货的数据概览

7.6.2 直播热门商品：评估热销情况

"直播热门商品"位于"数据概览"的下方。"直播热门商品"板块对直播商品品类和"直播商品"这两个板块的数据进行了呈现。在直播商品品类中，运营者可以查看"常推商品品类"和"热销商品品类"中商品的占比情况。另外，运营者还可以单击"大品类"或"细分品类"按钮，查看各类商品的占比情况。图7-31为某抖音号的直播商品品类页面。

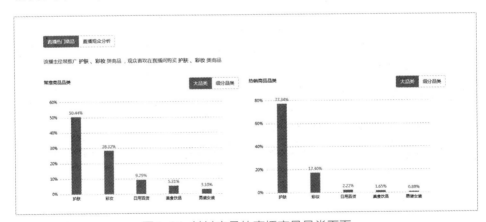

图7-31 某抖音号的直播商品品类页面

直播商品品类的下方是"直播商品"板块。该板块对直播商品的"播主关联直播场次""直播销量（预估）""直播销售额（预估）""直播价/券后价"进行了呈现。图7-32为某抖音号的"直播商品"页面。

图7-32 某抖音号的"直播商品"页面

7.6.3 直播观众分析：做好用户画像

抖音号运营者单击"直播热门商品"界面中的"直播观众分析"按钮，可进入"直播观众分析"界面，查看直播观众的"性别分布""年龄分布""地域分布""观众兴趣分布""直播观众来源""商品相关弹幕"。

（1）性别分布

"性别分布"板块会对直播观众的男女性别占比情况进行呈现。图7-33为某抖音号直播观众的"性别分布"页面。很显然，该抖音号的直播观众中，女性比男性要多得多。

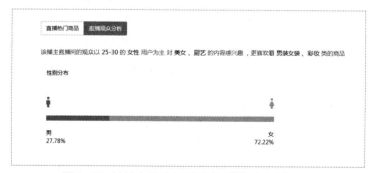

图7-33 某抖音号直播观众的"性别分布"页面

(2)年龄分布

"年龄分布"位于"性别分布"的下方。"年龄分布"板块会用一张图对各年龄段的直观观众占比进行呈现。运营者将鼠标停留在图中,可查看对应年龄段的具体占比。图7-34为某抖音号直播观众的"年龄分布"页面。

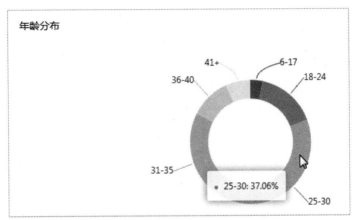

图7-34 某抖音号直播观众的"年龄分布"页面

(3)地域分布

"地域分布"位于"性别分布"的右方。在"地域分布"板块,运营者可以选择"省份"或"城市"查看具体的地域分布数据。图7-35为某抖音号直播观众的"地域分布"页面。

名称	占比	名称	占比
广东	21.44%	广州市	7.48%
江苏	10.87%	重庆市	5.82%
浙江	6.24%	北京市	5.77%
重庆	5.50%	上海市	4.77%
北京	5.47%	深圳市	4.67%
福建	4.71%	无锡市	2.55%
上海	4.49%	南京市	2.46%
四川	4.27%	成都市	2.20%
湖北	3.93%	天津市	2.01%
贵州	3.85%	台州市	1.89%
陕西	2.43%	武汉市	1.86%
辽宁	2.31%	佛山市	1.85%

图7-35 某抖音号直播观众的"地域分布"页面

(4)观众兴趣分布

"观众兴趣分布"位于"地域分布"的下方。在"观众兴趣分布"板块,运营者可以查看直播观众对不同内容的感兴趣程度。图7-36为某抖音号直播的"观众兴趣分布"页面。

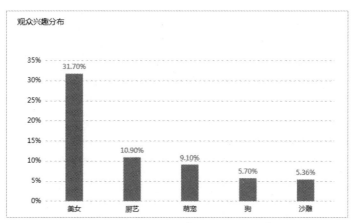

图7-36 某抖音号直播的"观众兴趣分布"页面

(5)直播观众来源

"直播观众来源"位于"观众兴趣分布"的右方。在"直播观众来源"板块,运营者可以查看来自"视频推荐""关注页""直播广场等"这3个渠道的直播观众的占比。如果运营者将鼠标停留在图中,可查看对应渠道的直播观众占比。

图7-37为某抖音号的"直播观众来源"页面。从图中可以看到,该抖音号的直播观众主要还是来自"视频推荐"渠道,占比达到了45.47%。

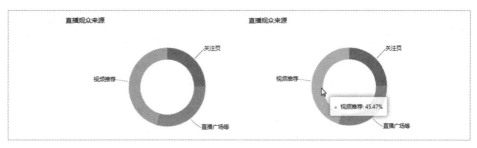

图7-37 某抖音号的"直播观众来源"页面

（6）商品相关弹幕

"商品相关弹幕"位于"观众兴趣分布"的下方。在"商品相关弹幕"板块，运营者可以查看商品弹幕中关键词的占比情况。图7-38为某抖音号的"商品相关弹幕"页面。

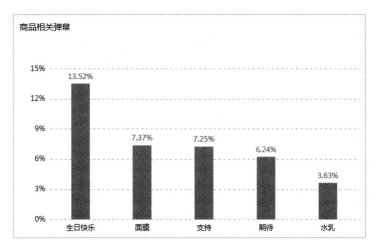

图7-38 某抖音号的"商品相关弹幕"页面

7.7 直播数据分析：展示各类趋势

"直播数据分析"是飞瓜数据平台中抖音账号数据分析的第七大板块。该板块对"直播频次趋势图""观看人数趋势图""人数峰值趋势图""音浪收入趋势图""粉丝团趋势图""新增粉丝趋势图"这6个板块的内容进行了呈现。

7.7.1 直播频次趋势图：了解直播频率

在"直播频次趋势图"板块，运营者可以查看"近7天"或"近30天"直播频次的变化情况。图7-39为某抖音号的"直播频次趋势图"页面。

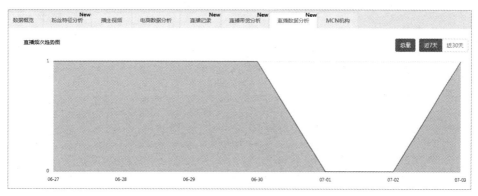

图7-39 某抖音号的"直播频次趋势图"页面

7.7.2 观看人数趋势图：查看受众数量

在"观看人数趋势图"，运营者可以查看"近7天"或"近30天"的直播观看总人数变化趋势。运营者将鼠标停留在趋势图上，可查看对应日期的直播观看人数。图7-40为某抖音号的"观看人数趋势图"页面。

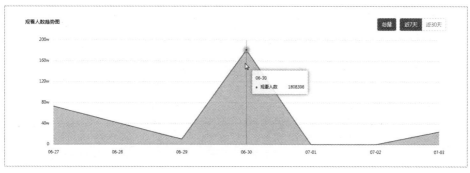

图7-40 某抖音号的"观看人数趋势图"页面

7.7.3 人数峰值趋势图：查看最高数值

在"人数峰值趋势图"，运营者可以查看"近7天"或"近30天"的直播观看人数峰值变化趋势。运营者将鼠标停留在趋势图上，可查看对应日期的直播人数峰值。图7-41为某抖音号的"人数峰值趋势图"页面。

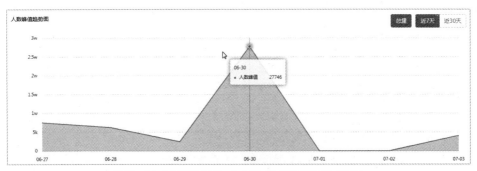

图7-41 某抖音号的"人数峰值趋势图"页面

7.7.4 音浪收入趋势图：掌握收入情况

在"音浪收入趋势图"，运营者可以查看"近7天"或"近30天"的直播音浪收入增量或总量的变化趋势。运营者将鼠标停留在趋势图上，可查看对应日期的直播音浪收入的增量或总量。图7-42为某抖音号的"音浪收入趋势图"页面。

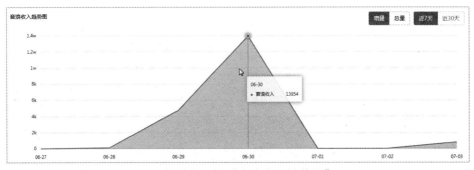

图7-42 某抖音号的"音浪收入趋势图"页面

7.7.5 粉丝团趋势图：查看直播团人数

在"粉丝团趋势图"，运营者可以查看"近7天"或"近30天"的直播粉丝团人数增量或总量的变化趋势。运营者将鼠标停留在趋势图上，可查看对应日期的粉丝团人数的增量或总量。图7-43为某抖音号的"粉丝团趋势图"页面。

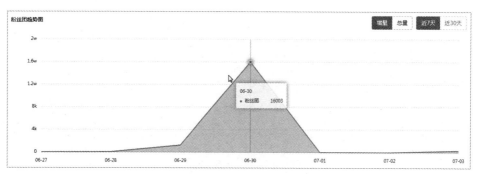

图7-43 某抖音号的"粉丝团趋势图"页面

7.7.6 新增粉丝趋势图：增量一目了然

在"新增粉丝趋势图"板块，运营者可以查看"近7天"或"近30天"的直播新增粉丝增量的变化趋势。运营者将鼠标停留在趋势图上，可查看对应日期的直播新增粉丝增量。图7-44为某抖音号的"新增粉丝数趋势图"页面。

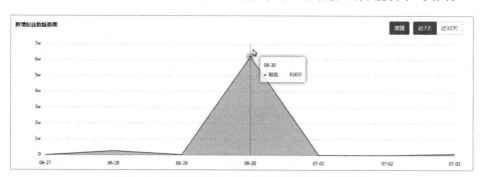

图7-44 某抖音号的"新增粉丝数趋势图"页面

第 8 章

快手号：
以用户为中心的
大数据分析

快手是一个众多用户聚集的短视频平台，也是许多新媒体运营者重点运营的一个平台。

正因为新媒体人众多，所以要想从中脱颖而出，就更得花一些心思。而这其中就包括通过以用户为中心的大数据分析，找到更适合自己的运营方案。

8.1 作品分析：生产爆款快人一步

可能有运营者还不知道，快手PC端官网可以查看账号的相关数据情况。运营者可以通过如下步骤找到快手数据分析入口。

步骤01 在浏览器中输入"快手"进入官网默认界面，单击界面中的"创作者服务→创作者服务平台"按钮，如图8-1所示。

图8-1 单击"创作者服务→创作者服务平台"按钮

步骤02 进入"快手创作者服务平台"界面，单击"立即登录"按钮，如图8-2所示。进入"扫码登录"界面，可以看到该界面中有一个登录二维码。运营者可以借助快手短视频App中的"扫一扫"功能，扫码登录快手创作者服务平台。

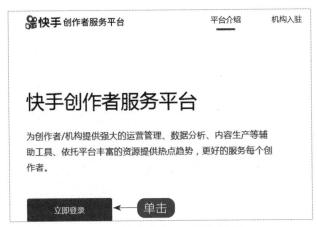

图8-2 单击"立即登录"按钮

步骤03 操作完成后，进入"我的首页"界面，单击左侧菜单栏中的"统计"按钮，可以看到"作品分析""直播分析""用户分析"的入口，如图8-3所示。

图8-3 单击"统计"按钮

这一节就对快手号的作品分析进行重点解读。通过了解和分析快手号作品，运营者可以找到更合适的作品运营方案，从而高效地生产爆款作品。

8.1.1 近7日作品数据：内容数据的统计

运营者单击快手创作者服务平台左侧菜单栏中的"统计→作品分析"按钮，可进入"作品分析"界面。进入该界面，运营者首先看到的是"近7日作品数据"板块。该板块对"作品数""播放数""点赞数""完成播放（次）"进行了呈现，如图8-4所示。

图8-4 单击"统计→作品分析"按钮

8.1.2 作品数据趋势：监控内容数据变化

"作品数据趋势"位于"近7日作品数据"的下方。在"作品数据趋势"板块，运营者可以选择查看"近7天""近1个月""近3个月"的"播放数""完成播放次数""点赞数""评论数""分享数""作品直接涨粉数""作品数"。图8-5为某快手号的"作品数据趋势"页面。

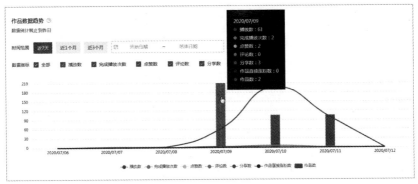

图8-5 某快手号的"作品数据趋势"页面

8.1.3 作品数据明细：及时调整内容策略

"作品数据明细"位于"作品数据趋势"的下方。在"作品数据明细"板块，运营者可以查看"近7天""近1个月""近3个月"的视频数据信息。运营者在该页面中可以看到相关作品的"播放数""点赞数""评论数"等数据。图8-6为某快手号的"作品数据明细"页面。

图8-6 某快手号的"作品数据明细"页面

运营者还可以单击"作品数据明细"页面中对应作品的"详细分析"按钮，查看该作品的详细数据分析情况。图8-7为某快手作品的"详细分析"页面。可以看到，该界面对该作品的"播放数""完成播放次数""点赞数""评论数""分享数""作品直接涨粉数"进行了呈现。

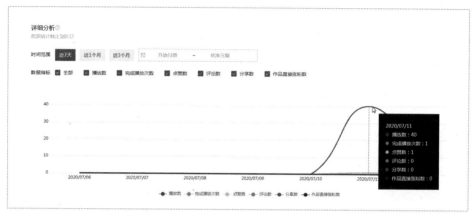

图8-7 某快手作品的"详细分析"页面

8.2 直播分析：运筹帷幄提高变现

直播分析是快手创作者服务平台的第二大"统计"内容。通过对直播数据的分析，运营者可以更好地了解直播运营效果，并在此基础上调整直播策略，提高自身的直播变现能力。

运营者单击快手创作者服务平台左侧菜单栏中的"统计→直播分析"按钮，可进入"直播分析"界面。在"直播分析"界面，运营者可以查看3个方面的数据，即"近7日直播数据""直播数据趋势""直播数据明细"。

8.2.1 近7日直播数据：洞察数据变化情况

进入"直播分析"界面后，运营者首先看到的是"近7日直播数据"页面。

该页面对"有效直播次数""有效直播时长（分钟）""在线人数峰值""送礼收入（元）"进行了呈现，如图8-8所示。

图8-8 某快手号的"近7日直播数据"页面

8.2.2 直播数据趋势：了解直播行业的大盘

"直播数据趋势"位于"近7日直播数据"的下方。在"直播数据趋势"板块，运营者可以选择查看"近7天""近1个月""近3个月"的"有效直播时长""有效直播次数""直播观众数""在线人数峰值""点赞人数""评论人数""分享人数""送礼人数""送礼收入（元）"。图8-9为某快手号的"直播数据趋势"页面。

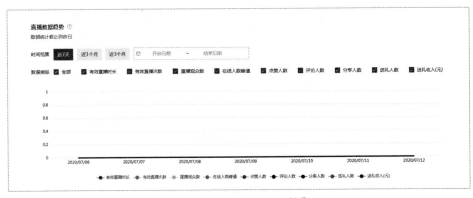

图8-9 某快手号的"直播数据趋势"页面

需要特别说明的是，运营者如果要准确把握"直播数据趋势"，还需要了解该趋势图中的一些概念。例如，"有效直播"是指当天内单场时长≥30分钟的直播；"送礼收入（元）"是指除幸运草、穿云箭红包未领取完的退款的延迟结算金额之外的其他直播间送礼收入的总和。

8.2.3 直播数据明细:全方位分析播主详情

"直播数据明细"位于"直播数据趋势"的下方。在"直播数据明细",运营者可以选择查看"近7天""近1个月""近3个月"直播的"直播信息""开播时间""直播时长(分钟)""直播观众数""在线人数峰值""点赞人数""评论人数""分享人数"。

需要说明的是,如果在选择的时间范围内,运营者没有进行过直播,该页面中会显示"暂无数据"。图8-10为某快手号的"直播数据明细"页面。

图8-10 某快手号的"直播数据明细"页面

8.3 用户分析:了解账号粉丝组成

用户分析是快手创作者服务平台的第三大"统计"内容。通过对用户进行分析,运营者可以更清楚地了解账号的粉丝组成和粉丝画像,从而在此基础上更好地进行精准营销,增强账号的营销和变现能力。

8.3.1 粉丝数据分析:通过管理加强互动

运营者单击快手创作者服务平台左侧菜单栏中的"统计→用户分析"按

钮，可进入"用户分析"界面。在"用户分析"界面，运营者可以查看3个方面的数据，即"粉丝数据""作品受众数据""直播受众数据"，并通过数据的分析和粉丝的管理，加强与粉丝的互动。

具体来说，进入"粉丝数据"界面后，运营者首先看到的是"性别分布"页面。该页面对男性、女性和未知性别粉丝的占比情况进行了呈现，如图8-11所示。

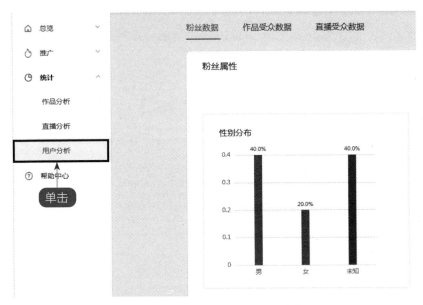

图8-11 某快手号的粉丝"性别分布"页面

"性别分布"的右侧是"年龄分布"和"系统分布"。"年龄分布"页面对账号各年龄段粉丝的占比情况进行了展示；而"系统分布"页面则对粉丝所使用的手机系统占比情况进行了展示。图8-12为某快手号的"年龄分布"和"系统分布"页面。

"年龄分布"和"系统分布"的下方是粉丝地域分布情况。粉丝地域分布情况包含两方面的内容，一是一张显示各省份粉丝占比的地图，二是显示各城市粉丝占比的分布图。图8-13为某快手号的各城市粉丝占比分布图。

粉丝地域分布情况的下方是粉丝"活跃时段"。"活跃时段"页面会对粉丝各时间段的活跃比例进行展示。当然，如果粉丝数少或者粉丝活跃度低，"活跃时段"页面可能会显示"暂无数据"。

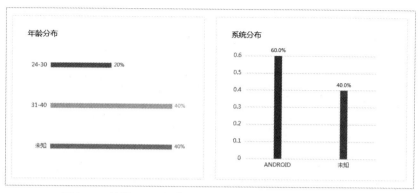

图8-12 某快手号的"年龄分布"和"系统分布"页面

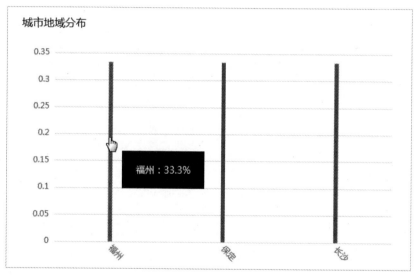

图8-13 某快手号的各城市粉丝占比分布图

8.3.2 作品受众数据：定位内容精准触达

运营者单击"粉丝数据"界面中的"作品受众数据"按钮，可进入"作品受众数据"界面。在该界面，运营者可以查看"近7天""近1个月"受众的"点击""点赞""评论""分享""关注"的相关数据，并根据数据进行内容定位，从而实现精准触达。

以"点击"数据为例，运营者可以查看受众的"性别分布""年龄分布""系统分布""省级地域分布""城市地域分布""活跃时段"的相关数据。

"性别分布"页面，对点击作品的受众的具体占比情况进行了展示，如图8-14所示。

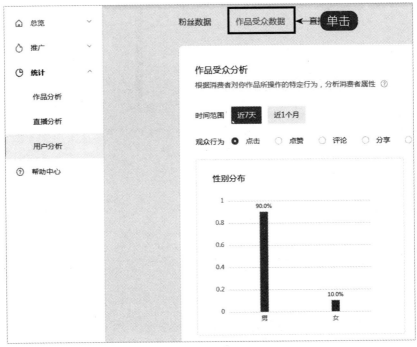

图8-14 某快手号的"性别分布"页面

"年龄分布"页面对点击作品的各年龄段受众的占比情况进行了展示；"系统分布"页面对点击作品的受众所使用的手机系统的占比情况进行了展示。图8-15为某快手号作品的受众"年龄分布"和"系统分布"页面。

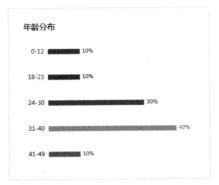
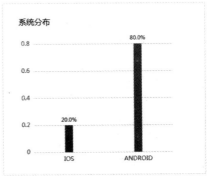

图8-15 某快手号作品的受众"年龄分布"和"系统分布"页面

"省级地域分布"页面通过一张图对点击作品的各省份受众的占比情况进行了展示;"城市地域分布"页面通过一张图对点击作品的各城市受众的占比情况进行了展示。图8-16为某快手号作品的受众"城市地域分布"页面。

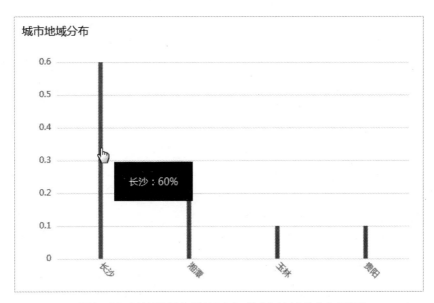

图8-16 某快手号作品的受众"城市地域分布"页面

"活跃时段"页面通过一张趋势图对各时间点受众的活跃比例进行了展示。图8-17为某快手号作品的受众"活跃时段"页面。

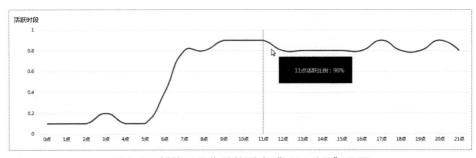

图8-17 某快手号作品的受众"活跃时段"页面

8.3.3 直播受众数据:受众行为具体分析

运营者单击"作品受众数据"界面中的"直播受众数据"按钮,可进入"直播受众数据"界面。在该界面，运营者可以查看"近7天""近1个月"直播受众"点击""点赞""评论""分享""关注"等行为的相关数据。图8-18为某快手号的"直播受众数据"页面。

图8-18 某快手号的"直播受众数据"页面

第 9 章

视频号：数据分析是内容运营的前提

数据分析是视频号内容运营的前提，但在笔者写稿时，还没有出现专门的视频号数据分析平台。不过，新媒体运营者可以通过一些数据分析方法，来提高视频号的运营水平。

这一章就借助微信指数、搜狗指数和乐观数据来分析数据，帮助大家更好地运营视频号。

9.1 微信指数：微信大数据的一个重要指向标

微信指数是基于微信大数据进行分析得出的一种指数，同时也是微信大数据的一个重要指向标。因为微信指数的高低代表的是相关内容在微信中的热门程度，而视频号又是微信的一个重要组成部分，所以对微信指数进行分析对视频号运营者来说是非常重要的。

9.1.1 搜索关键词的热度：紧随行业的热门态势

微信指数是衡量搜索关键词热度的重要工具，通常来说，搜索关键词在微信中的热度越高，微信指数的数值就越大。因此，视频号运营者可以通过查看搜索关键词的微信指数，判断其在微信中的热度。视频号运营者可以通过如下步骤查看搜索关键词的微信指数。

步骤01 登录微信，❶点击下方的"发现"按钮，进入"发现"界面；❷点击界面中的"搜一搜"按钮，如图9-1所示。

步骤02 进入"搜一搜"界面，点击"微信指数"按钮，如图9-2所示。

图9-1 点击"搜一搜"按钮

图9-2 点击"微信指数"按钮

步骤03 进入微信指数界面,在界面上方的搜索栏中输入搜索关键词,如"摄影",可查看该搜索关键词的微信指数,如图9-3所示。

步骤04 搜索结果中显示的只是微信指数的部分内容,如果运营者点击对应的搜索结果,可进入"微信指数"微信小程序的"指数详情"界面,查看该搜索关键词的7日指数变化情况,如图9-4所示。

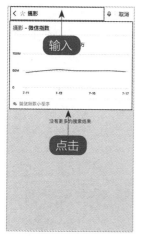
图9-3 点击"搜一搜"按钮

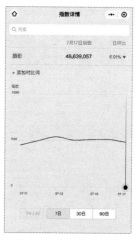
图9-4 点击"微信指数"按钮

除了7日微信指数之外,运营者还可以点击微信指数趋势图下方的"30日""90日"按钮,查看搜索关键词的30日、90日微信指数变化情况。图9-5为搜索关键词"摄影"的30日、90日微信指数变化情况。

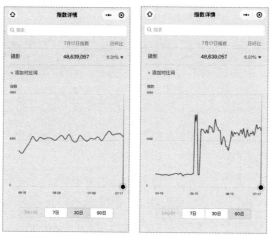
图9-5 搜索关键词"摄影"的30日、90日微信指数变化情况

9.1.2 通过指数紧抓潮流：打造有竞争力的内容

除了查看单个搜索关键词的微信指数之外，运营者还可以对两个或多个搜索关键词的微信指数变化情况进行对比分析，从中选择微信指数更高的关键词，并根据该关键词打造内容，从而吸引更多微信用户查看视频号内容。运营者可以通过如下步骤对两个搜索关键词的微信指数进行对比分析。

步骤01 在"微信指数"微信小程序的搜索栏中输入关键词，如"摄影构图"，进入"指数详情"界面查看其微信指数，点击界面中的"+添加对比词"按钮，如图9-6所示。

步骤02 操作完成后，界面中会弹出"输入要对比的词汇"对话框，❶在对话框中输入需要添加的对比分析关键词，如"手机摄影"，❷点击"对比"按钮，如图9-7所示。

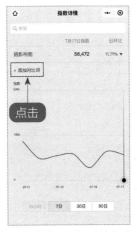
图9-6 点击"+添加对比词"按钮

图9-7 点击"对比"按钮

步骤03 操作完成后，返回"指数详情"界面，该界面会显示两个搜索关键词的对比分析情况。另外，单击界面下方的日期按钮，可查看两个搜索关键词的不同周期对比分析情况。

图9-8为"摄影构图"和"手机摄影"这两个搜索关键词的7日和30日微信指数对比分析。从该图中不难看出，"手机摄影"的微信指数数值比"摄影构图"要高得多。因此，运营者可以据此打造与"手机摄影"相关的内容。

以上是对比分析两个搜索关键词的具体步骤，参照同样的方法，运营者还

可以对3个及以上搜索关键词的微信指数进行对比分析。

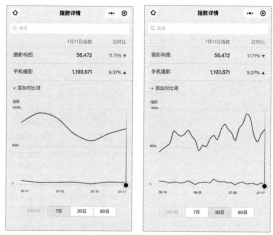

图9-8 "摄影构图"和"手机摄影"的7日和30日微信指数对比分析

9.2 搜狗指数：让数据有价值使运营有章可循

微信指数更多的是用于微信数据的分析，而且只能用手机查看。还有什么方法可以更方便地查看相关数据呢？笔者认为有一种比较便利的方法，通过搜狗指数查询相关数据的搜索热度和微信热度趋势，以及品牌的价值模型，从而让视频号运营者找到热门的内容和品牌，使视频号的运营变得有章可循。

9.2.1 搜索热度趋势分析：全网热门事件大搜罗

"搜索热度"是搜狗指数的重要组成部分，运营者可以通过搜索关键词，查看关键词的"指数概况"和"指数趋势"，在此基础上对关键词的全网热度进行评估，甚至还可以对多个关键词的全网热度进行对比。运营者可以通过如下步骤，在搜狗指数中对多个关键词的全网热度进行对比。

步骤01 在浏览器中输入"搜狗指数"，进入搜狗指数官网界面。❶在官网界面的搜索栏中输入需要查看热度的关键词,如"这就是街舞";❷单击右侧的 🔍 图标,如图9-9所示。

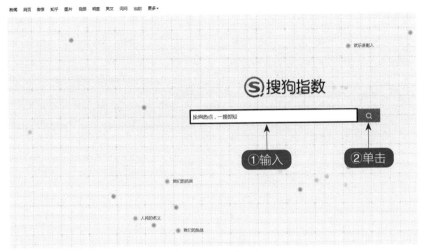

图9-9 单击图标

步骤02 操作完成后,进入"搜索热度"界面,可以查看被搜索关键词的"指数概况"和"指数趋势"。图9-10为关键词"这就是街舞"的"指数概况"和"指数趋势"。

图9-10 关键词"这就是街舞"的"指数概况"和"指数趋势"

步骤03 查看一个关键词之后,运营者可以添加另一个关键词,从而对两个关键词的搜索热度进行对比。具体操作为单击第一个关键词的"搜索热度"界面中的"+添加对比词"按钮（图9-10），输入另一个关键词，如"乘风破浪的姐姐"，单击右侧的"确定"按钮。

步骤04 操作完成后，可查看两个关键词的搜索热度对比。图9-11为关键词"这就是街舞"和"乘风破浪的姐姐"的搜索热度对比。

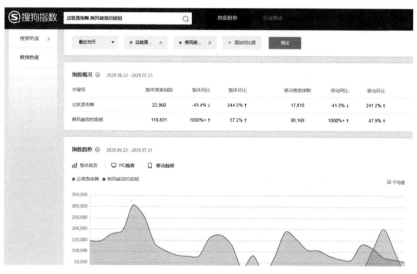

图9-11 关键词"这就是街舞"和"乘风破浪的姐姐"的搜索热度对比

参照同样的方法，视频号运营者还可对比分析3个及以上关键词的搜索热度，在此基础上根据关键词打造内容，更好地吸引用户的关注。

9.2.2 微信热度趋势分析：快速查看热门短视频

"搜索热度"展示的是关键词的全网搜索热度，而视频号仅是微信上的一个重要板块。如果运营者只想了解关键词在微信中的热度，可以通过搜狗指数中的"微信热度"，查看该关键词的微信"指数概况"和"指数趋势"。

图9-12为关键词"这就是街舞"的"微信热度"界面。需要特别说明的是，在笔者写稿期间，搜狗指数的"微信热度"板块出了一点问题，所以显示的微信热度数值为0。

图9-12 关键词"这就是街舞"的"微信热度"界面

9.2.3 品牌数据价值模型：品牌营销的解决方案

除了通过搜索关键词，查看关键词的搜索热度和微信热度，运营者还可以通过搜狗指数中的"品牌数据价值模型"查看品牌的搜索指数。具体来说，运营者单击"搜索热度"或"微信热度"界面中的"行业焦点"按钮，如图9-13所示。

图9-13 单击"行业焦点"按钮

操作完成后，可进入"品牌大数据价值模型"界面，查看各行业的品牌搜索指数排行情况，如图9-14所示。

图9-14 "品牌大数据价值模型"界面

"品牌大数据价值模型"界面会根据品牌的搜索指数,对9个行业(汽车、手机、电商、旅游、招聘、出国留学、家居、招商和电脑)各品牌的排行情况进行展示(每个行业仅展示搜索指数前10的品牌)。例如图9-15为汽车行业、手机行业和电商行业的品牌搜索指数排行。

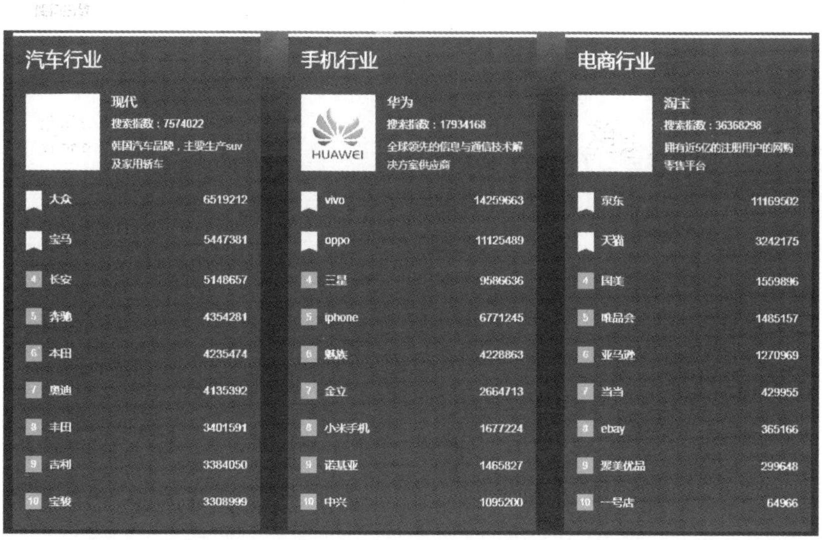

图9-15 汽车行业、手机行业和电商行业的品牌搜索指数排行

搜狗指数的"品牌价值模型"是怎么运作的呢?运营者可以单击"品牌大

数据价值模型"界面（图9-14）中的"查看详情"按钮。操作完成后，可查看"品牌价值模型"的算法，如图9-16所示。

图9-16 "品牌价值模型"的算法

9.3 乐观数据：一站式短视频大数据分析平台

乐观数据是一个一站式的短视频大数据分析平台，运营者可以从该平台上找到内容生产的灵感和适合变现的产品。当然，运营者要想利用好乐观数据平台，还得先进入乐观数据平台的后台。具体步骤如下。

步骤01 登录乐观号平台，单击菜单栏中的"乐观数据2.0"按钮，如图9-17所示。

图9-17 单击"乐观数据2.0"按钮

步骤02 进入乐观数据官网首页,单击页面中的"登录领取24小时VIP"按钮,如图9-18所示。

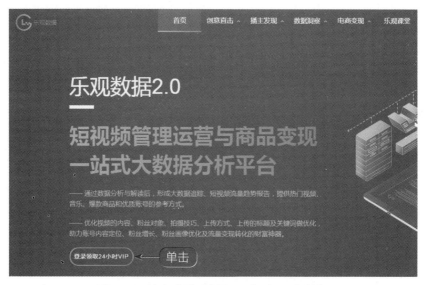

图9-18 单击"登录领取24小时VIP"按钮

步骤03 操作完成后，可获得乐观数据2.0的24小时的VIP特权，并进入乐观数据2.0的后台，如图9-19所示。

图9-19 进入乐观数据2.0的后台

在乐观数据2.0的后台中，运营者主要需要把握两个板块的内容。一是"创意直击"板块，在该板块，运营者可以查看当前受欢迎的短视频，为自身的内容打造寻找灵感；二是"电商变现"板块，在该板块，运营者可以了解适合在短视频平台进行变现的产品，以便为用户提供更合适的产品，增强账号的变现能力。这一节就对这两个板块的内容进行具体分析。

9.3.1 创意直击：5个依据打造内容

运营者可以将"创意直击"板块中的内容作为依据，来更好地打造自身的内容。具体来说，在"创意直击"板块，运营者需要把握5个方面的内容，即"热门视频""劲爆音乐""前沿话题""热搜榜""热门评论"。

（1）热门视频

运营者单击乐观数据2.0后台菜单栏中的"创意直击→热门视频"按钮，可进入"热门视频"界面。"热门视频"界面会根据"热力指数"对短视频进行排序，还会展示"视频内容""点赞数""评论数""转发数""时长""是否带货"等信息，如图9-20所示。

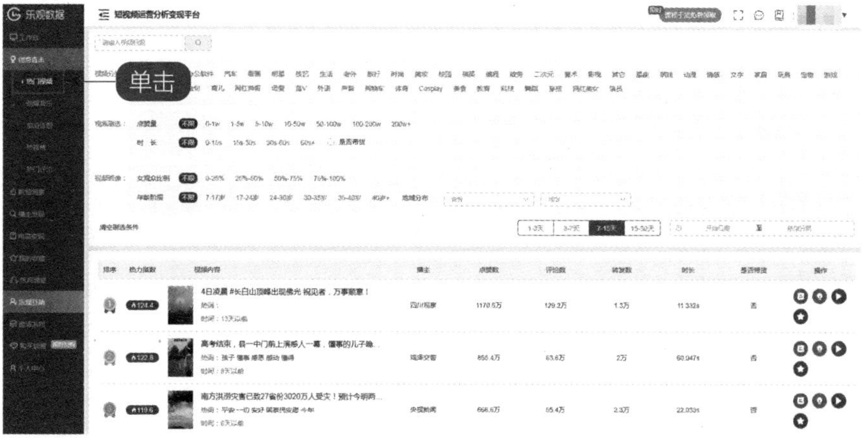

图9-20 "热门视频"界面

运营者可以通过"热门视频"界面查看当前的热门短视频，并从中寻找视频内容的打造技巧，从而提高自身的内容生产水平，打造出更具吸引力的视频。

(2) 劲爆音乐

运营者单击乐观数据2.0后台菜单栏中的"创意直击→劲爆音乐"按钮，可进入"劲爆音乐"界面。"劲爆音乐"界面会根据"劲爆指数"对短视频中的音乐进行排序，还会展示音乐的作者、使用人数、使用趋势研判和使用该音乐的短视频中热门度排行前3的短视频的封面等信息，如图9-21所示。

图9-21 "劲爆音乐"界面

运营者可以通过"劲爆音乐"界面查看当前的热门短视频音乐，做好背景音乐的储备，以便在生产短视频的过程中能选到合适的音乐，增强短视频对用户的吸引力。

（3）前沿话题

运营者单击乐观数据2.0后台菜单栏中的"创意直击→前沿话题"按钮，可进入"前沿话题"界面。"前沿话题"界面会根据"热议指数"对话题进行排序，还会展示参与对应话题的人数、与话题相关的短视频的总播放次数、话题热议度的趋势研判和与话题相关的短视频中热门度排行前3的短视频的封面等信息，如图9-22所示。

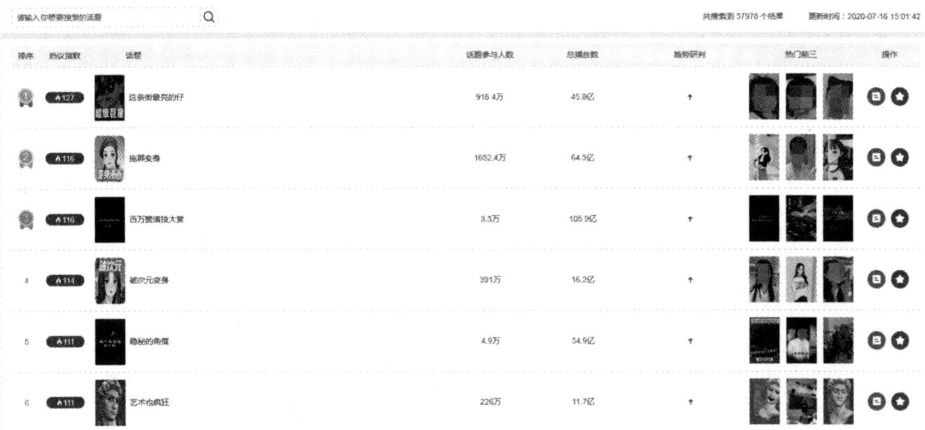

图9-22 "前沿话题"界面

运营者可以通过"前沿话题"界面查看当前的热门短视频话题，并在短视频发布过程中添加对应的话题，从而吸引更多对话题感兴趣的人的注意力，提高短视频的热度。

（4）热搜榜

运营者单击乐观数据2.0后台菜单栏中的"创意直击→热搜榜"按钮，可进入"热搜榜"界面。"热搜榜"界面会根据"热度"对搜索的标题进行排序，如图9-23所示。

运营者可以通过"热搜榜"界面查看当前的热搜标题，并在短视频发布过程中将标题设置为热搜标题，从而提高短视频标题被搜索到的概率，提高短视频的整体流量。

图9-23 "热搜榜"界面

（5）热门评论

运营者单击乐观数据2.0后台菜单栏中的"创意直击→热门评论"按钮，可进入"热门评论"界面。"热门评论"界面会根据"总点赞数""视频关联数"等数据对评论内容进行排序，还会展示与评论内容相关的短视频中热门度排行前3的短视频的封面，如图9-24所示。

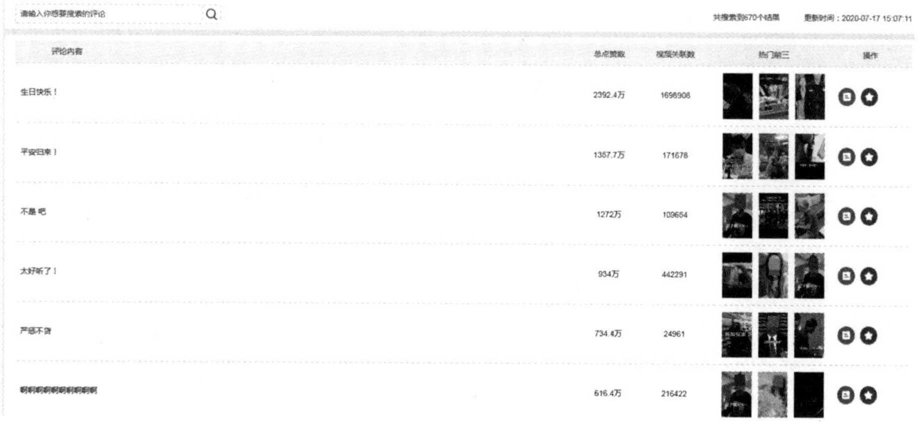

图9-24 "热门评论"界面

运营者可以通过"热门评论"界面查看当前的热门评论，并在评论他人的短视频时，适当地加入热门评论，以便评论获得更高的热度，并借助评论内容为账号引流。

9.3.2 电商变现：5个方面重点把握

在"电商变现"板块，运营者需要把握5个方面的内容，即"热门商品""热门品牌""带货视频搜索""短视频好物榜""热门店铺排行"。

（1）热门商品

运营者单击乐观数据2.0后台菜单栏中的"电商变现→热门商品"按钮，可进入"热门商品"界面。"热门商品"界面会根据"短视频销量"进行排序，如图9-25所示。

图9-25 "热门商品"界面

运营者可以通过"热门商品"界面查看当前短视频中的热销商品，并选择适合自己的商品进行营销，从而通过提高商品的销量，保证账号的收益。

（2）热门品牌

运营者单击乐观数据2.0后台菜单栏中的"电商变现→热门品牌"按钮，可进入"热门品牌"界面。"热门品牌"界面会根据"在线播主数""关联视频数""总点赞""总评论""总转发"对品牌进行排序，如图9-26所示。

运营者可以通过"热门品牌"界面查看当前用户比较喜爱的品牌，并选择与合适的品牌合作，通过销售对应品牌的产品获得收益，实现账号的变现。

图9-26 "热门品牌"界面

（3）带货视频搜索

运营者单击乐观数据2.0后台菜单栏中的"电商变现→带货视频搜索"按钮，可进入"带货视频搜索"界面。在"带货视频搜索"界面，运营者可以输入商品名称，查找对应的带货视频，搜索结果会根据"点赞量"等数据对视频内容进行展示，如图9-27所示。

图9-27 "带货视频搜索"界面

运营者可以通过"带货视频搜索"界面查看对应商品的营销短视频，借鉴他人的成功经验，打造出对用户更有吸引力的商品营销短视频，增强用户的购买欲望。

（4）短视频好物榜

运营者单击乐观数据2.0后台菜单栏中的"电商变现→短视频好物榜"按钮，可进入"短视频好物榜"界面。"短视频好物榜"界面会根据"全网销量"对商品进行排序，并展示与商品相关的视频、商品的售价等信息，如图9-28所示。

图9-28 "短视频好物榜"界面

运营者可以通过"短视频好物榜"界面查看短视频平台的热销商品，选择适合自己的商品进行营销，借助商品的销售获得一定的收益。

（5）热门店铺排行

运营者单击乐观数据2.0后台菜单栏中的"电商变现→热门店铺排行"按钮，可进入"热门店铺排行"界面。"热门店铺排行"界面会根据"关联抖音数""总销量""销量昨日变化值"对店铺进行排序，如图9-29所示。

图9-29 "热门店铺排行"界面

运营者可以通过"热门店铺排行"界面查看短视频中的热门店铺，并在此基础上选择合适的店铺进行合作，通过短视频销售店铺中的商品，在保证商品质量的同时，增加短视频电商变现的成功概率。

第 10 章

百家号：
更全面的分析
用户及内容

百家号是百度旗下的一个新媒体平台。百度是一个极具影响力的互联网公司，而百家号又是其重推的内容平台。这也就注定了百家号必然能在新媒体行业占得一席之地。

新媒体运营者要怎样运营百家号呢？首先应该结合数据更全面地分析用户及内容。

10.1 内容分析：让内容创作更高效

在运营百家号的过程中，运营者可以通过对内容的分析，让内容创作变得更加高效。具体来说，对百家号内容的分析主要分为两个方面，即整体数据分析和单篇数据分析。这一节就对这两方面的数据分别进行解读。

10.1.1 整体数据：挖掘优质创意内容

运营者登录百家号平台之后，单击左侧菜单栏中的"数据→内容分析"按钮，可进入内容分析界面，查看已发布内容的整体数据。

在"整体数据"界面，运营者可以查看"图文""图集""视频""小视频""动态"类内容的整体数据。下面就以"图文"类内容的整体数据为例进行说明。

在图文类内容的"整体数据"界面，运营者首先可以看到该类内容的"昨日关键数据"。"昨日关键数据"包含了7个方面，即"推荐量""阅读

图10-1 某百家号图文类内容的"昨日关键数据"

量""阅读完成率""评论量""点赞量""收藏量""分享量"。图10-1为某百家号图文类内容的"昨日关键数据"。

"昨日关键数据"的下方是数据的"趋势图"。运营者可以从该趋势图中查看图文类内容"推荐量""阅读量""评论量""点赞量""收藏量""分享量"的变化情况。需要注意的是，在该图中，运营者只能选择同时查看两项数据的变化情况。图10-2为某百家号图文类内容的数据"趋势图"。

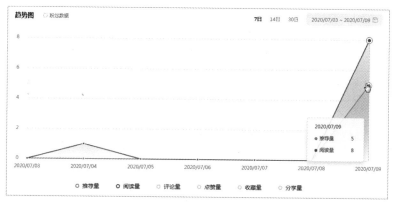

图10-2 某百家号图文类内容的数据"趋势图"

"趋势图"的下方是"数据列表"。运营者可以从"数据列表"中查看图文类内容具体日期范围内的"推荐量""阅读量""评论量""点赞量""收藏量""分享量"。图10-3为某百家号图文类内容的"数据列表"。

日期	推荐量	阅读量	评论量	点赞量	收藏量	分享量	操作
2020/07/09	5	8	0	0	0	0	查看详情
2020/07/08	0	0	0	0	0	0	查看详情
2020/07/07	0	0	0	0	0	0	查看详情
2020/07/06	0	0	0	0	0	0	查看详情
2020/07/05	0	0	0	0	0	0	查看详情
2020/07/04	0	1	0	0	0	0	查看详情
2020/07/03	0	0	0	0	0	0	查看详情

图10-3 某百家号图文类内容的"数据列表"

"数据列表"的下方是"阅读量来源"。运营者可以从"阅读量来源"中查看图文类内容阅读量中来自"百度App""百度搜索""百度新闻""站外分享""个人主页""其他"这6个渠道的占比情况。图10-4为某百家号图文类内容的"阅读量来源"。

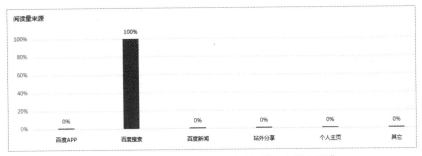

图10-4 某百家号图文类内容的"阅读量来源"

10.1.2 单篇数据：找出爆款文章特点

运营者单击"整体数据"界面中的"单篇数据"按钮，可进入"单篇数据"界面。在"单篇数据"界面，运营者可以查看"全部""图文""图解""视频""小视频""动态"单篇类内容的相关数据。下面以"全部"单篇类内容为例进行说明。

在"全部"单篇类内容中，运营者可以查看已发布内容的"标题""类型""发布时间""阅读量/播放量""评论量"。图10-5为"全部"单篇类内容的相关页面。

图10-5 "全部"单篇类内容的相关页面

运营者还可以单击对应单篇内容"操作"一栏的"查看详情"按钮，查看该篇内容的"发布至今总数据""基础分析""数据列表"和"阅读量来源"信息。

在"发布至今总数据"中，运营者可以查看8项数据，即"推荐量""阅读量""阅读完成率""评论量""点赞量""收藏量""分享量""涨粉量"。图10-6为某篇百家号文章的"发布至今总数据"页面。

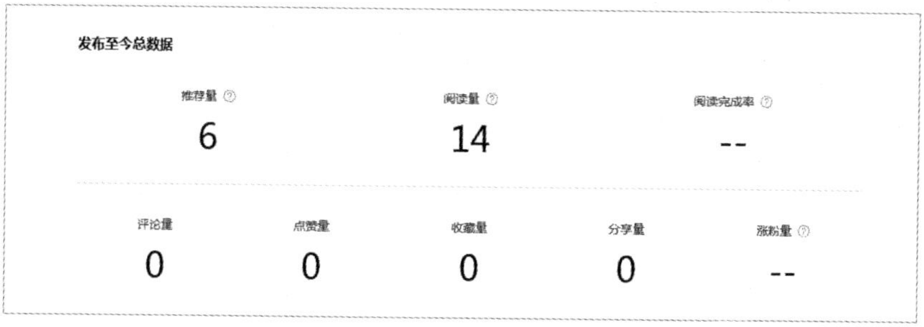

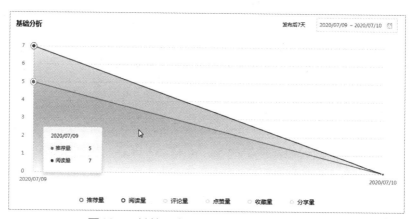

图10-6　某篇百家号文章的"发布至今总数据"页面

在"基础分析"中，运营者可以查看该篇文章自发布之日起至查看数据当日的"推荐量""阅读量""评论量""点赞量""收藏量""分享量"变化情况。图10-7为某篇百家号文章的"基础分析"页面。

图10-7　某篇百家号文章的"基础分析"页面

在"数据列表"中，运营者可以查看该篇文章自发布之日起至查看数据当日的"推荐量""阅读量""评论量""点赞量""收藏量""分享量""涨粉量"。图10-8为某篇百家号文章的"数据列表"页面。

在"阅读量来源"中，运营者可以查看该篇文章阅读量中来自"百度App""百度搜索""百度新闻""站外分享""个人主页""其他"这6个渠道的占比情况。图10-9为某篇百家号文章的"阅读量来源"页面。

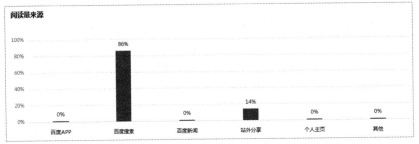

图10-8 某篇百家号文章的"数据列表"页面

图10-9 某篇百家号文章的"阅读量来源"页面

10.2 粉丝分析：保持流量红利优势

通过对粉丝的分析，运营者可以了解粉丝的变化情况和粉丝的画像，从而在此基础上更好地为粉丝提供内容，提高账号内容的生产水平和获取粉丝的能力。

具体来说，在分析百家号粉丝时，运营者需要对两个方面的信息进行分析，即"基础数据"和"粉丝画像"。这一节对这两方面的信息分别进行解读。

10.2.1 基础数据：及时调整避免掉粉

运营者单击左侧菜单栏中的"数据→粉丝分析"按钮，便可进入粉丝分析界面，查看账号粉丝的基础数据。

在"基础数据"界面中，运营者首先看到的是"昨日关键指标"的相关数据。"昨日关键指标"页面对"新增粉丝""取消关注""净增粉丝""粉丝总人数"的相关数据进行了呈现。

"昨日关键指标"的下方是"月度关键数据"。"月度关键数据"页面对"粉丝月度累计阅读量""粉丝月度累计收益""月度累计阅读数""月度累计收益"数据进行了呈现。

图10-10为某百家号的"昨日关键指标"和"月度关键数据"页面。

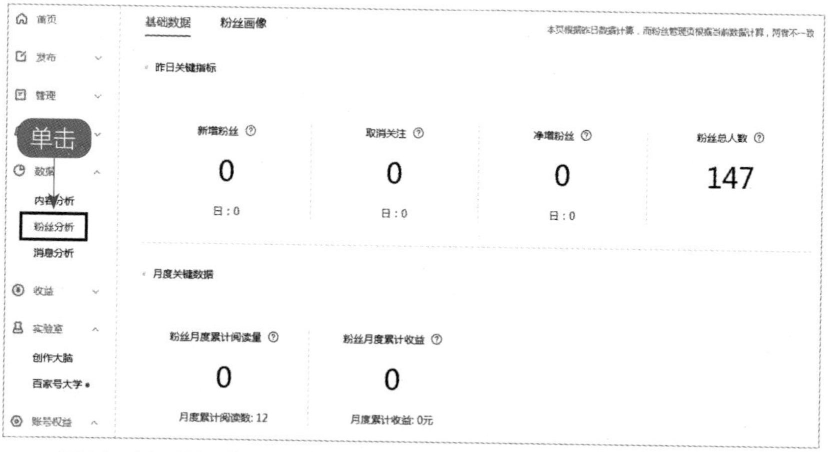

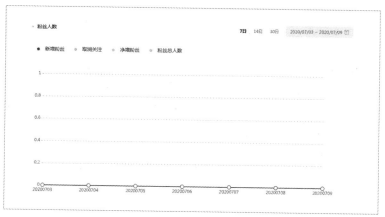

图10-10 某百家号的"昨日关键指标"和"月度关键数据"页面

"月度关键数据"的下方是"粉丝人数"。"粉丝人数"页面，对"新增粉丝""取消关注""净增粉丝""粉丝总人数"的数据进行了呈现。图10-11为某百家号的"粉丝人数"页面。

图10-11 某百家号的"粉丝人数"页面

"粉丝人数"的下方是粉丝人数列表。该列表对具体日期的"新增粉丝""取消关注""净增粉丝""粉丝总人数"的数据进行了呈现。图10-12为某百家号的"粉丝人数"页面。

时间	新增粉丝	取消关注	净增粉丝	粉丝总人数
20200709	0	0	0	147
20200708	0	0	0	147
20200707	0	0	0	147
20200706	0	0	0	147
20200705	0	0	0	147
20200704	0	0	0	147
20200703	0	0	0	147

图10-12 某百家号的"粉丝人数"页面

10.2.2 粉丝画像：提高账号的精准度

运营者在粉丝分析的"基础数据"界面，单击"粉丝画像"按钮，可进入"粉丝画像"界面。在"粉丝画像"界面，运营者首先看到的是"粉丝活跃度"页面。该页面对"日均粉丝活跃数""粉丝最活跃日期""粉丝最活跃时段"的数据进行了呈现。图10-13为某百家号的"粉丝活跃度"页面。

图10-13 某百家号的"粉丝活跃度"页面

"粉丝活跃度"的下方是活跃粉丝变化趋势图。在该图中，运营者可以选择"按天分布"或"按时分布"查看活跃粉丝的变化情况。如果运营者将鼠标停留在趋势图上，可查看对应时间点的活跃粉丝数。图10-14为某百家号的活跃粉丝变化趋势图。

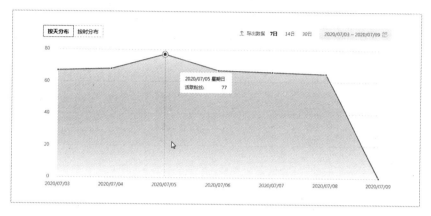

图10-14 某百家号的活跃粉丝变化趋势图

活跃粉丝变化趋势图的下方是粉丝年龄分布图和粉丝性别分布图。粉丝年龄分布图会呈现各年龄段粉丝的占比情况和粉丝占比最高的年龄段；而粉丝性别分布图会呈现粉丝中男性和女性的占比以及粉丝的主要性别。图10-15为某百家号的粉丝年龄分布图和粉丝性别分布图。

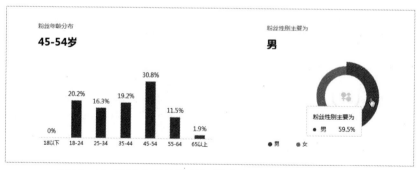

图10-15 某百家号的粉丝年龄分布图和粉丝性别分布图

粉丝年龄分布图和粉丝性别分布图的下方是"粉丝职业领域TOP10"和"粉丝兴趣领域TOP10"。"粉丝职业领域TOP10"，会列出账号粉丝所在的职业领域，并展示占比最多的职业领域；而"粉丝兴趣领域TOP10"会列出账号粉丝最感兴趣的领域，并展示粉丝最感兴趣的领域。图10-16为某百家号的"粉丝职业领域TOP10"和"粉丝兴趣领域TOP10"页面。

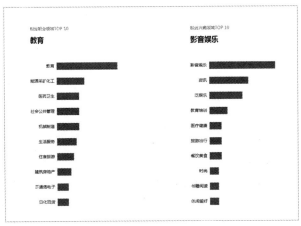

图10-16 某百家号的"粉丝职业领域TOP10"和"粉丝兴趣领域TOP10"页面

"粉丝职业领域TOP10"和"粉丝兴趣领域TOP10"的下方是"您的粉丝也在关注这些作者"。"您的粉丝也在关注这些作者"会列出与当前账号共同粉丝最多的10个百家号作者,并列出作者的名称和共同的粉丝数。图10-17为某百家号的"您的粉丝也在关注这些作者"页面。

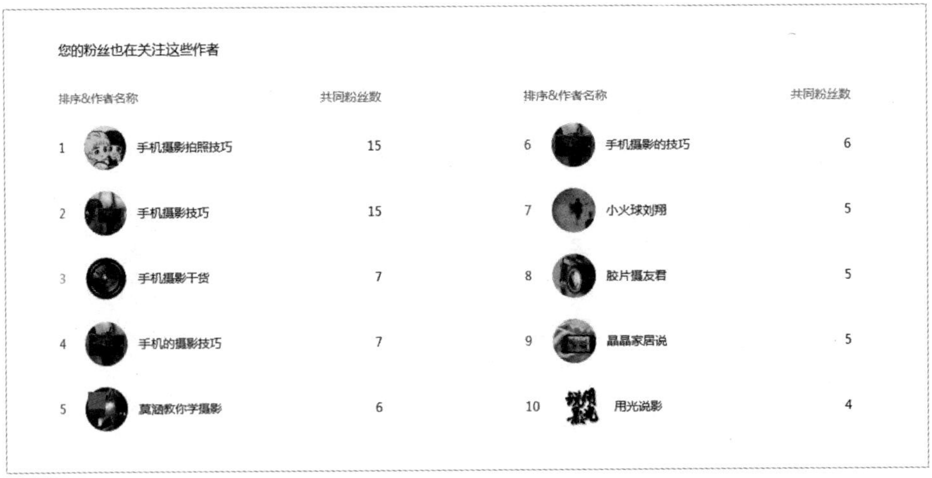

图10-17 某百家号的"您的粉丝也在关注这些作者"页面

"您的粉丝也在关注这些作者"的下方是"粉丝的教育水平"和"粉丝的婚姻状况"。"粉丝的教育水平"会列出账号粉丝中各学历的占比情况,并列出占比最高的学历;而"粉丝的婚姻状况"对已婚和未婚的粉丝比例进行了展示，并列出其中比例相对较高的一种婚姻状况。图10-18为某百家号的"粉丝的教育水平"和"粉丝的婚姻状况"页面。

图10-18 某百家号的"粉丝的教育水平"和"粉丝的婚姻状况"页面

"粉丝的教育水平"和"粉丝的婚姻状况"的下方是"粉丝地区分布"。"粉丝地区分布"主要包括两个方面的内容，一是一张显示各省份粉丝占比的地图，二是各省份的粉丝占比图。图10-19为某百家号的各省份粉丝占比图。

省份	占比		省份	占比
1 广东	11.1%		11 福建	3.7%
2 北京	8.6%		12 湖北	3.7%
3 江苏	7.4%		13 四川	3.7%
4 安徽	7.4%		14 海南	2.5%
5 山东	6.2%		15 黑龙江	2.5%
6 湖南	6.2%		16 陕西	2.5%
7 上海	4.9%		17 江西	2.5%
8 河南	4.9%		18 新疆	2.5%
9 浙江	3.7%		19 云南	2.5%
10 重庆	3.7%		20 贵州	1.2%

图10-19 某百家号的各省份粉丝占比图

"粉丝地区分布"的下方是"粉丝使用手机系统"和"粉丝使用最多手机型号"。"粉丝使用手机系统"中列出了使用"安卓""iOS""其他"这3种手机系统的占比情况，并指出了粉丝使用最多的手机系统；"粉丝使用最多手机型号"显示了粉丝使用较多的几种手机型号的占比情况，并指出了粉丝使用最多的手机型号。图10-20为某百家号的"粉丝使用手机系统"和"粉丝使用最多手机型号"页面。

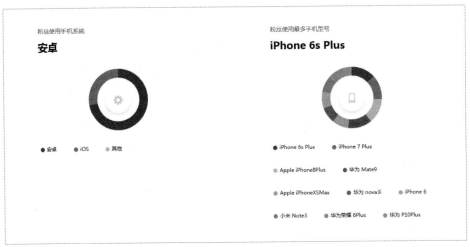

图10-20 某百家号的"粉丝使用手机系统"和"粉丝使用最多手机型号"页面

10.3 消息分析：高效互动增强黏性

消息分析是百家号数据分析的第三大板块。在消息分析板块，运营者可以对"私信数据"和"自动回复数据"进行分析，并在此基础上实现与用户的高效互动，增强用户黏性。

10.3.1 私信数据：挖掘评论里的火热舆情

运营者单击左侧菜单栏中的"数据→消息分析"按钮，可进入消息分析界面，查看账号的消息分析的私信数据。

在"私信数据"界面，运营者首先看到的是"昨日关键数据"的相关数据。"昨日关键数据"页面对"留言次数""留言人数""人均留言次数"的数据进行了呈现。图10-21为某百家号的私信数据"昨日关键数据"页面。

图10-21 某百家号的私信数据"昨日关键数据"页面

"昨日关键数据"的下方是一张趋势图，该图对"留言次数""留言人数""人均留言次数"的变化情况进行了展示。需要说明的是，运营者只能同时查看其中的两项数据。图10-22为某百家号私信数据的"趋势图"页面。

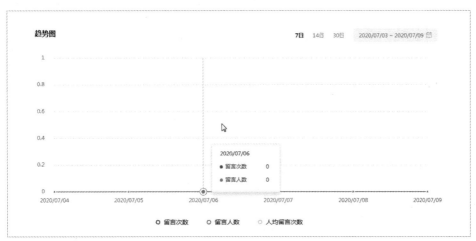

图10-22 某百家号私信数据的"趋势图"页面

私信数据"趋势图"的下方是私信数据的"详细数据"列表。该列表对具体日期的"留言次数""留言人数""人均留言次数"进行了展示。图10-23为某百家号私信数据的"详细数据"页面。

私信数据"详细数据"列表下方是"留言次数分布"和"留言粉丝兴趣分布"。如果没有用户留言，"留言次数分布"中会显示"暂无数据"；而"留言粉丝兴趣分布"则是一片空白。

详细数据　　导出Excel文件

日期	留言次数	留言人数	人均留言次数
2020/07/09	0	0	0
2020/07/08	0	0	0
2020/07/07	0	0	0
2020/07/06	0	0	0
2020/07/05	0	0	0
2020/07/04	0	0	0
2020/07/03	0	0	0

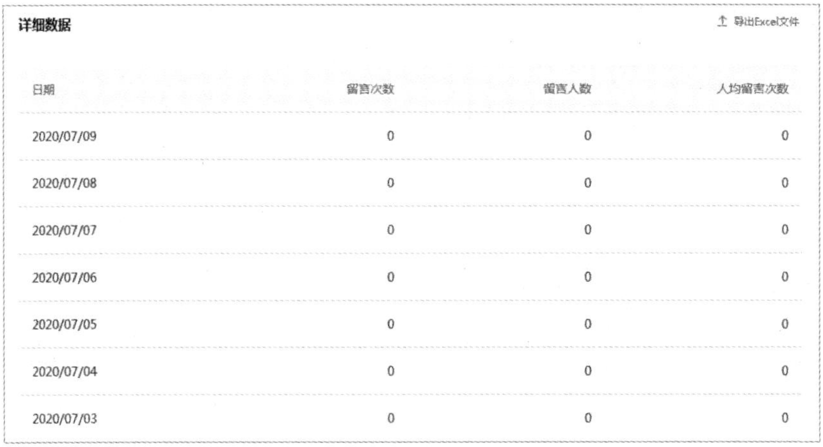

图10-23 某百家号私信数据的“详细数据”页面

10.3.2 自动回复数据：舆论采集，深挖评论

运营者在“私信数据”界面单击“自动回复数据”按钮，可进入“自动回复数据”界面。与“私信数据”界面相同，“自动回复数据”界面也会显示“昨日关键数据”“趋势图”和“详细数据”。不过，“自动回复数据”界面显示的是“自动回复数”“自动回复人数”“人均自动回复次数”这3项数据。图10-24为某百家号自动回复数据的“昨日关键数据”页面。

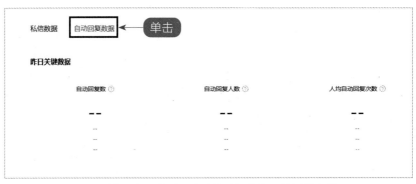

图10-24 某百家号自动回复数据的“昨日关键数据”页面

另外，“自动回复数据”界面还会显示“消息关键词排行”。“消息关键词排行”会对“排行”“消息关键词”“触发类型”“所属规则”“回复次数”进行

展示。如果账号中没有设置或进行自动回复，该页面会显示"暂无数据"。

10.4 收益分析：及时了解账号收入

许多新媒体运营者都希望通过百家号的运营获得一定收益，运营者可以通过"收益广场"及时了解账号的收入，并根据收入数据判断自身运营效果，找到增加账号收益的方法。

10.4.1 整体收益：3类收入一眼看懂

运营者单击菜单栏中的"收益→收益广场"按钮，可进入"整体收益"界面查看账号的整体收益，包括"昨日收益""本周累计收益""本月累计收益"。图10-25为某百家号整体收益的基本数据。

图10-25 某百家号整体收益的基本数据

整体收益基本数据的下方是一张趋势图。运营者可以在该趋势图中查看"全部""百度广告""补贴"收益的变化情况。图10-26为某百家号整体收益的趋势图。

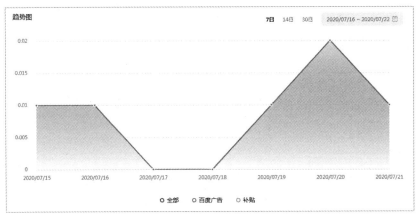

图10-26 某百家号整体收益的趋势图

整体收益趋势图的下方是一张数据列表。运营者在该数据列表中可以查看"7日""14日""30日"的"全部""百度广告""补贴"收益数据。图10-27为某百家号整体收益的数据列表。

日期	总计	百度广告	补贴
2020/07/21	0.01	0.01	0
2020/07/20	0.02	0.02	0
2020/07/19	0.01	0.01	0
2020/07/18	0	0	0
2020/07/17	0	0	0
2020/07/16	0	0	0
2020/07/15	0.01	0.01	0

图10-27 某百家号整体收益的数据列表

10.4.2 额外收益：查看其他收入数据

运营者单击"整体收益"界面中的"额外收益"按钮，可进入"额外收益"界面查看账号的额外收益数据。"额外收益"界面呈现的内容与"整体收益"

界面大致相同，只是"额外收益"界面呈现的是"全部""内容电商""其他"收益数据。图10-28为某百家号的"额外收益"界面。

图10-28 某百家号的"额外收益"界面

10.5 其他分析：指数信用都很重要

除了内容、粉丝、消息和收益分析，百家号中还有一些数据分析功能比较重要。本节将要讲到的百家号指数和信用分便属于此类。

10.5.1 百家号指数：了解账号短板

运营者单击左侧菜单栏中的"账号权益→指数&信用分"按钮，可进入"百家号指数"界面查看百家号指数的相关数据，以便找到账号的短板。

具体来说，进入"百家号指数"界面之后，运营者首先看到的是"数据详情"页面。"数据详情"页面会通过一张雷达图对账号的"内容质量""用户喜爱""原创能力""领域专注""活跃表现"等分数进行呈现。图10-29为某百家号的"数据详情"页面。可以看出，该账号的"活跃表现"分数相对来说是比较低的，也就是说从目前来看"活跃表现"是该账号的短板。

图10-29 某百家号的"数据详情"页面

"数据详情"的下方是"历史趋势"。在"历史趋势"页面，运营者可以查看"7日""14日""30日"的"百家号指数""内容质量""原创能力""活跃表现""领域专注""用户喜爱"的数据变化情况。图10-30为某百家号的"历史趋势"页面。

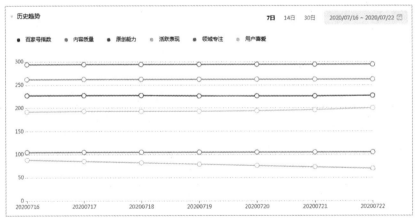

图10-30 某百家号的"历史趋势"页面

10.5.2 信用分：保持分数保障权益

百家号评估会根据账号的运营情况给出一个信用分，当信用分过低时，账号运营者的相关权益可能会受到限制。因此，运营者一定要及时了解账号的信用分，将信用分保持在合理的水平，从而保障自身的权益。

具体来说，运营者可以单击"百家号指数"界面的"信用分"按钮，进入"信用分"界面，查看账号的信用分数和信用等级。图10-31为某百家号的"信用分"界面，可以看到该账号的信用分达到了100分，而信用等级则为B级（等级从高到低依次为S、A、B、C）。因此，该账号还需要想办法提高自身的发文综合表现，从而更好地提高信用的等级。

图10-31 某百家号的"信用分"界面

信用分是百家号平台根据账号的运营情况给出的一个分数，如果账号出现了违规行为，会被扣分；如果账号被扣分了，则可以通过发布内容来恢复分数。运营者可以单击"信用分"界面中的"规则详细说明"按钮查看具体的规则说明。

在百家号的信用分规则说明中，运营者需要重点把握3个方面的内容。首先是百家号的扣分规则，平台通过一张表格对违规行为所属的类型及其对应的扣分情况进行展示，如图10-32所示。

其次，要把握信用分的惩罚机制。百家号平台会根据账号的扣分情况给予对应的惩罚，如图10-33所示。因此，为了账号的正常运营，运营者一定要按照平台的规则来运营，尽可能避免不必要的扣分。

最后，要把握信用分的恢复机制。百家号信用分被扣分之后，运营者可以通过发布文章来恢复分数，当然，不同的信用等级发布一篇文章可恢复的分数以及每日恢复的上限是不同的，具体机制如图10-34所示。

违规行为	对应扣分	类型
被举报抄袭且行为成立	扣50分	违反法律法规类原因
发布淫秽色情、令人不适的内容		
发布虚假谣言或欺诈消费者的内容		
发布内容宣扬封建迷信	扣20分	
血腥暴力		
存在旧闻冒充新闻发布行为	扣10分	违反平台规则类原因
发布广告或推广信息		
标题夸大		
视频与文章内容不符		
发布低俗内容		

图10-32 百家号信用分的扣分规则

扣分	对应惩罚
扣分前分值≥80分且新增扣分<20分	只扣分，不禁言
扣分前分值<80分	每扣10分，禁言1天
新增扣分≥20分	每扣10分，禁言1天
账号当前分值=0分	账号封停且不可恢复

图10-33 百家号信用分的惩罚机制

信用等级	恢复规则
S	每成功发布一篇内容恢复2分，每日恢复上限10分
A	每成功发布一篇内容恢复2分，每日恢复上限10分
B	每成功发布一篇内容恢复1分，每日恢复上限5分
C	每成功发布一篇文章恢复1分，每日恢复上限5分

图10-34 百家号信用分的恢复机制

第 11 章

其他平台：助你新媒体运营更高效

对于许多人来说，发布内容的平台永远不嫌多。除了前面介绍的几个平台之外，新媒体运营者可能还会运营其他的平台。

这一章就选择新浪微博、一点号和 B 站这 3 个平台的数据分析方法进行具体说明，帮助大家更高效地运营这几个新媒体平台。

11.1 新浪微博数据分析：大数据追踪流量趋势

新浪微博是许多人网上冲浪的必备平台之一，也正因为如此，该平台吸引了庞大的流量，许多新媒体人也将其作为重点运营的平台之一。那么，如何更好地运营新浪微博呢？笔者认为，运营者可以通过对相关数据的分析，评估运营效果，并寻找更适合自身的运营策略。

11.1.1 数据概览：纵观各类微博数据

运营者登录新浪微博平台之后，单击账号主页的"管理中心"按钮，可直接进入"数据概览"界面查看账号的一些基本数据。"数据概览"界面对"昨日关键指标""粉丝变化""博文""我发布的内容""视频""文章"这6个方面的数据进行了呈现。

其中，"昨日关键指标"页面对该账号的"净增粉丝数""阅读数""转评

图11-1 某新浪微博号的"昨日关键数据"页面

赞数""发博数""文章发布数""文章阅读数""视频发布数""视频播放量"，及其"较前日""较上周""较上月"的变化情况进行了呈现。图11-1为某新浪微博号的"昨日关键指标"页面。

"粉丝变化"页面对该账号的"净增粉丝数""新增粉丝数""减少粉丝数"，及其"较上个周期"的变化情况进行了呈现。图11-2为某新浪微博号的"粉丝变化"页面。

图11-2 某微博号的"粉丝变化"页面

"博文"页面对该账号的"微博阅读数""转评赞数""点击数"，及其"较上个周期"的变化情况进行了呈现。图11-3为某新浪微博号的"博文"页面。

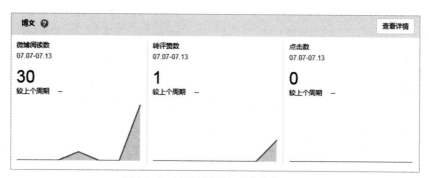

图11-3 某微博号的"博文"页面

"我发布的内容"页面对该账号的"发博数""发出评论数""原创微博数"，及其"较上个周期"的变化情况进行了呈现。图11-4为某新浪微博号的"我发布的内容"页面。

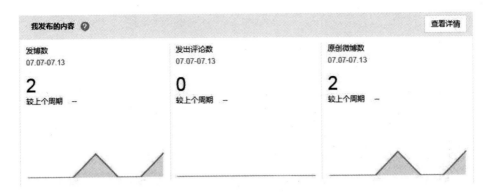

图11-4 某新浪微博号的"我发布的内容"页面

"视频"页面对该账号的"视频发布数""播放量""视频转评赞数",及其"较上个周期"的变化情况进行了呈现。而"文章"页面则对该视频号的"文章发布数""文章阅读数""文章转评赞数",及其"较上个周期"的变化情况进行了呈现。图11-5为某新浪微博号的"视频"和"文章"页面。

图11-5 某新浪微博号的"视频"和"文章"页面

11.1.2 粉丝分析:把握趋势针对营销

在微博中,粉丝分析主要分为"粉丝趋势""活跃分布""粉丝画像"3部分。这一小节就对这3个部分的数据进行分析,帮助各位运营者更好地把握粉丝的变化情况和粉丝的特性,从而针对性地进行营销,增强账号的营销和变现能力。

(1) 粉丝趋势

运营者单击"数据概览"界面的"粉丝分析"按钮,可进入"粉丝分析"界面查看相关数据。进入"粉丝分析"界面之后,运营者首先看到的是"粉丝趋势"页面,该页面对"粉丝趋势分析"和"近7日取关粉丝列表"的相关信息进行了呈现。

"粉丝趋势分析"包括"近7天""近30天""近90天"的"粉丝总数"和"粉丝净增数"变化情况。图11-6为某新浪微博号的"粉丝趋势分析"页面。

"近7日取关粉丝列表"可以查看近7日取消关注的"微博账号",及其"取消关注时间""最近关注时长""粉丝数"。图11-7为某新浪微博号的"近7日取关粉丝列表"页面。

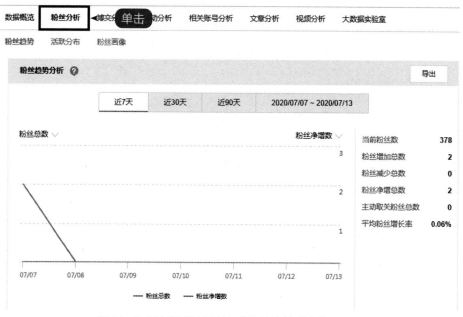

图11-6 某新浪微博号的"粉丝趋势分析"页面

近7日取关粉丝列表　07.07 - 07.13　导出

最近7天，共 4 人取消关注您

微博账号	取消关注时间	最近关注时长	粉丝数
	2020-07-05	4天	141
	2020-07-05	14天	120
	2020-07-06	12天	230
	2020-07-06	8天	285

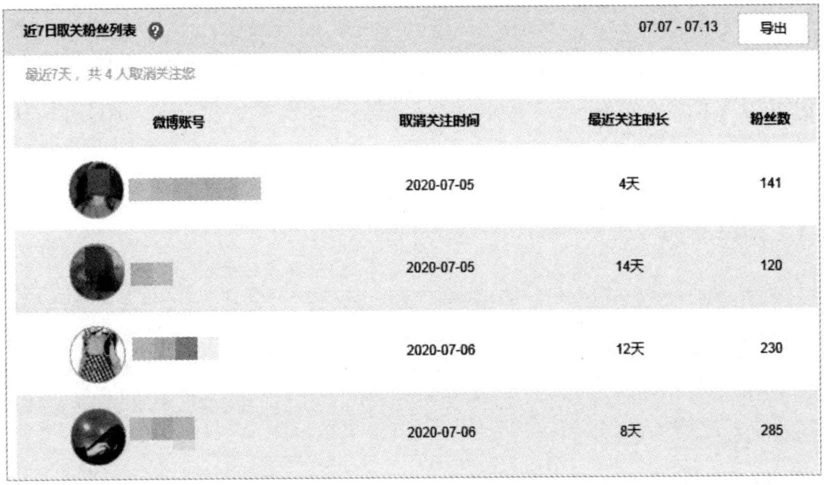

图11-7　某新浪微博号的“近7日取关粉丝列表”页面

（2）活跃分布

运营者单击“粉丝趋势”界面的“活跃分布”按钮，可进入“活跃分布”界面查看“近7日粉丝活跃分布”的数据。“近7日粉丝活跃分布”页面通过两张图对“粉丝按天分布”和“粉丝按小时分布”的数据进行了呈现。图11-8为某新浪微博号的“活跃分布”页面。

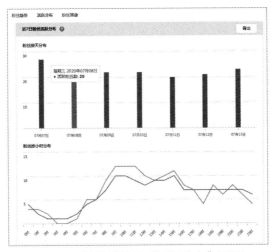

图11-8　某微博号的“活跃分布”页面

（3）粉丝画像

运营者单击“活跃分布”界面的“粉丝画像”按钮，可进入“粉丝画像”

界面,查看"粉丝来源""粉丝性别年龄""粉丝地区分布""关注我的人的粉丝量级""粉丝兴趣标签""粉丝星座""粉丝类型"的相关信息。

其中,"粉丝来源"页面对"微博推荐""第三方应用""微博搜索""找人"这几个粉丝来源所占的比例进行了展示。图11-9为某新浪微博号的"粉丝来源"页面。

图11-9 某新浪微博号的"粉丝来源"页面

"粉丝性别年龄"页面对各年龄段男性和女性粉丝的占比情况进行了展示。图11-10为某新浪微博号的"粉丝性别年龄"页面。

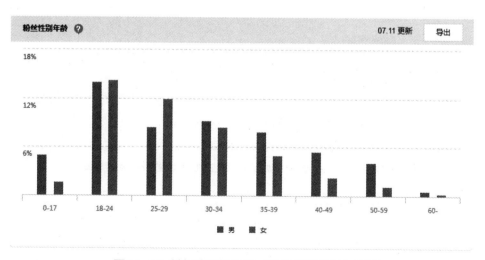

图11-10 某新浪微博号的"粉丝性别年龄"页面

"粉丝地区分布"页面包含两个方面的信息,一是一张呈现各省份粉丝占比的地图,二是各地区粉丝占比排行表。图11-11为某新浪微博号的各地区粉丝占比排行表。

排序	地区	粉丝数占比
1	北京	18.9%
2	上海	12.8%
3	广东	12.8%
4	河南	4.8%
5	湖北	4%
6	山东	3.5%
7	辽宁	3.5%
8	吉林	3.2%
9	浙江	3.2%
10	江苏	2.7%

图11-11 某新浪微博号的各地区粉丝占比排行表

"关注我的人的粉丝量级"页面对账号粉丝的粉丝量级占比情况进行了展示。图11-12为某新浪微博号的"关注我的人的粉丝量级"页面。

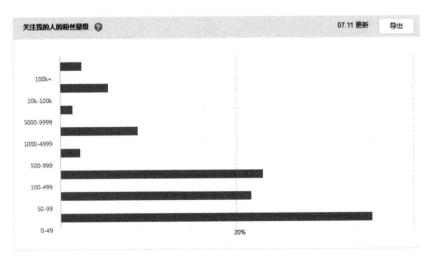

图11-12 某新浪微博号的"关注我的人的粉丝量级"页面

"粉丝兴趣标签"页面对账号粉丝关注的兴趣标签的占比情况进行了展示。图11-13为某新浪微博号的"粉丝兴趣标签"页面。

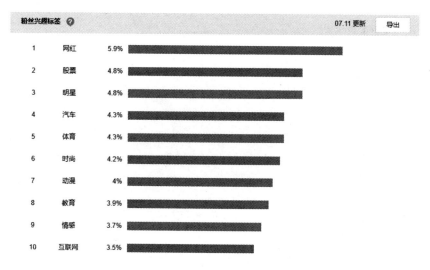

图11-13 某新浪微博号的"粉丝兴趣标签"页面

"粉丝星座"页面对账号粉丝的星座分布情况进行了展示。图11-14为某新浪微博号的"粉丝星座"页面。

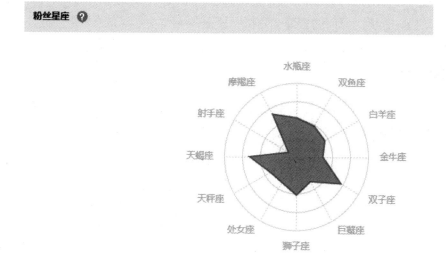

图11-14 某新浪微博号的"粉丝星座"页面

"粉丝类型"页面对账号粉丝中普通用户和认证用户的占比情况进行了展示。图11-15为某新浪微博号的"粉丝类型"页面。

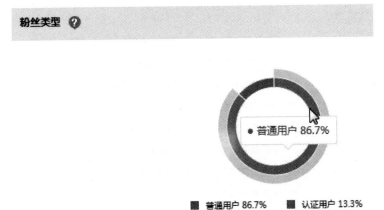

图11-15 某新浪微博号的"粉丝类型"页面

11.1.3 博文分析：了解内容营销效果

除了账号基本数据和粉丝数据之外，运营者还可以在微博"管理中心"查看已发布微博的相关数据，了解博文的营销推广效果。具体来说，运营者只需单击"粉丝分析"界面的"博文分析"按钮，可进入"博文分析"界面，查看"微博阅读趋势""微博阅读人数""微博转发、评论和赞""点击趋势分析""单条微博分析"等数据。

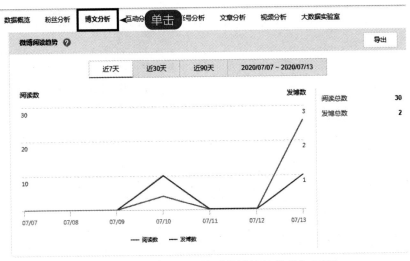

图11-16 某新浪微博号的"微博阅读趋势"页面

其中,"微博阅读趋势"页面可以查看"近7天""近30天""近90天"的"阅读数"和"发博数"。图11-16为某新浪微博号的"微博阅读趋势"页面。

"微博阅读人数"页面可以查看"近7天""近30天""近90天"的"阅读人数"。图11-17为某新浪微博号的"微博阅读人数"页面。

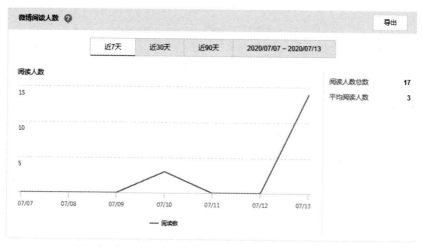

图11-17 某新浪微博号的"微博阅读人数"页面

"微博转发、评论和赞"页面可以查看"近7天""近30天""近90天"的"评论赞数""转发数""评论数""点赞数"。图11-18为某新浪微博号的"微博转发、评论和赞"页面。

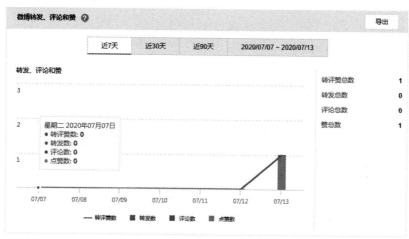

图11-18 某新浪微博号的"微博转发、评论和赞"页面

"点击趋势分析"页面可以查看"近7天""近30天""近90天"的"点击数"和"图片点击数"。图11-19为某新浪微博号的"点击趋势分析"页面。

图11-19 某新浪微博号的"点击趋势分析"页面

"单条微博分析"页面可以查看"近7天""近30天""近90天"发布的单条微博的"发布时间""微博内容""阅读""参与互动"情况。图11-20为某新浪微博号的"单条微博分析"页面。

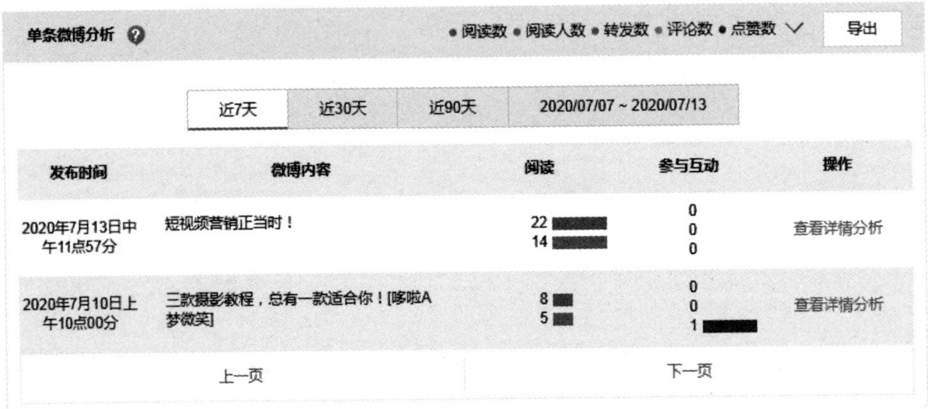

图11-20 某新浪微博号的"单条微博分析"页面

11.2 一点号数据分析：生产爆款内容快人一步

对于部分新媒体运营者，特别是同时运营了多个平台的运营者来说，一点号也是一个值得用心运营的平台。这一方面是因为一点号平台自身拥有一定的流量，通过运营一点号，可以增强新媒体运营者自身的整体影响力；另一方面是因为一点号平台可以关联微信公众号、头条号和百家号等账号，从而获得更多运营权限。

当然，在运营一点号的过程中，运营者也可以利用后台的数据对内容和粉丝进行分析，从而更好地生产爆款内容，实现粉丝的快速增长。

11.2.1 内容分析：参照数据评估运营

运营者登录一点号进入后台首页之后，不仅可以看到账号的"推荐量""阅读量""粉丝量"的"累计"和"昨日"数据，还可以看到左侧菜单栏中"数据"下方的"内容分析"和"粉丝分析"，如图11-21所示。如果运营者单击菜单栏"内容分析"按钮，可直接进入"内容分析"界面，参照相关数据，评估账号运营效果。

在"内容分析"界面，运营者既可以查看内容数据的概述，也可以分别查看图文类、视频类、小视频类内容和短内容的数据分析。下面以查看内容的数据概述为例进行说明。

具体来说，运营者单击菜单栏"内容分析"按钮之后，会默认进入"概述"界面。在"概述"界面，运营者首先看到的就是"内容量""阅读量""评论量""推荐量"的"累计"和"昨日"这些基本数据情况。图11-22为某一点号的内容基本数据页面。

图11-21 一点号后台首页

图11-22 某一点号的内容基本数据页面

内容基本数据的下方是"数据概述"。在"数据概述"页面，运营者可以查看某一类内容，或全部内容的"昨日""7日""14日""30日"的"推荐量""阅读量""内容量""分享量""评论量""收藏量""点赞量"。图11-23为某一点号的"数据概览"页面。

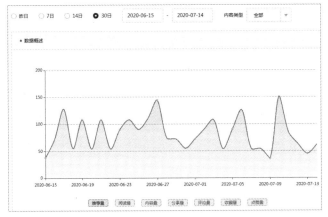

图11-23 某一点号的"数据概览"页面

"数据概述"的下方是一张数据列表。在该数据列表，运营者可以查看账号已发布内容的"内容量""推荐量""阅读量""分享量""评论量""收藏量""点赞量"的汇总数据或每一天的具体数据。图11-24为某一点号已发布内容的数据列表页面。

时间	内容量	推荐量	阅读量	分享量	评论量	收藏量	点赞量
汇总(2020-06-15~2020-07-14)	2	2,449	4	0	0	0	0
2020-07-14	0	62	0	0	0	0	0
2020-07-13	0	45	0	0	0	0	0
2020-07-12	0	63	0	0	0	0	0
2020-07-11	0	84	0	0	0	0	0
2020-07-10	2	151	4	0	0	0	0
2020-07-09	0	36	0	0	0	0	0
2020-07-08	0	54	0	0	0	0	0

图11-24 某一点号已发布内容的数据列表页面

11.2.2 粉丝分析：根据数据做好画像

运营者单击左侧菜单栏中的"粉丝分析"按钮，可进入"粉丝分析"界面查看"基础数据"和"粉丝画像"。

（1）基础数据

"基础数据"页面对"关键数据""环比增长数据""数据概述"和对应的数据列表进行了展示。其中，"关键数据"页面对"昨日净增粉丝量""昨日新增粉丝量""昨日取关注量""累计粉丝量"进行了展示；而"环比增长数据"页面对"新增粉丝量""取消粉丝量""净增粉丝量"的"日""周""月"数据进行了展示。图11-25为某一点号的"关键数据"和"环比增长数据"页面。

图11-25 某一点号的"关键数据"和"环比增长数据"页面

"数据概述"页面对"新增粉丝数""取消粉丝数""净增粉丝数""累计粉丝数"的"7日""15日""30日"变化情况进行了展示。图11-26为某一点号的粉丝"数据概览"页面。

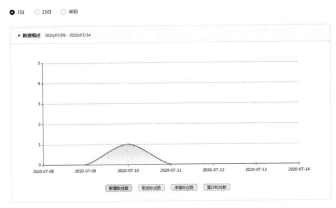

图11-26 某一点号的粉丝"数据概览"页面

粉丝数据列表页面对对应日期的"新增粉丝数""取消粉丝数""净增粉丝数""累计粉丝数"的具体数据进行了展示。图11-27为某一点号的粉丝数据列表页面。

时间	新增粉丝数	取消粉丝数	净增粉丝数	累计粉丝数
2020-07-14	0	0	0	1,600
2020-07-13	0	0	0	1,600
2020-07-12	0	0	0	1,600
2020-07-11	0	0	0	1,600
2020-07-10	1	1	0	1,600
2020-07-09	0	0	0	1,600
2020-07-08	0	0	0	1,600

图11-27 某一点号的粉丝数据列表页面

（2）粉丝画像

运营者单击"基础数据"界面中的"粉丝画像"按钮，可进入"粉丝画像"界面，查看"粉丝性别分析""粉丝年龄分析""阅读用户地域分布""粉丝感兴趣的领域""粉丝感兴趣的内容"的相关数据。

"粉丝性别分析"页面对男性和女性粉丝的占比情况进行了展示；"粉丝年

龄分析"对各年龄段粉丝的占比情况进行了展示。图11-28为某一点号的"粉丝性别分析"和"粉丝年龄分析"页面。

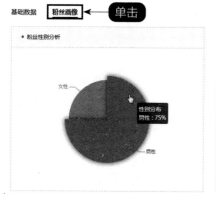
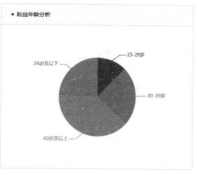

图11-28 某一点号的"粉丝性别分析"和"粉丝年龄分析"页面

"阅读用户地域分布"页面主要包括两个部分的内容,一是通过一张地图对各省粉丝的占比情况进行展示,二是通过一张数据列表对各省粉丝的占比数据进行展示。图11-29为某一点号的各省粉丝占比数据列表。

地域	百分比		
广东	16.20%	云南	3.40%
四川	9.40%	河北	3.40%
江苏	7.70%	河南	3.40%
北京	6.80%	广西	2.60%
湖北	5.10%	浙江	2.60%
辽宁	5.10%	甘肃	2.60%
湖南	4.30%	福建	2.60%
上海	4.30%	新疆	2.60%
		重庆	2.60%

图11-29 某一点号的各省粉丝占比数据列表

"粉丝感兴趣的领域"页面对粉丝感兴趣的各领域的占比情况进行了展示。图11-30为某一点号的"粉丝感兴趣的领域"页面。不难看出,该账号的粉丝最感兴趣的是电视剧领域，占比达到了10.60%。

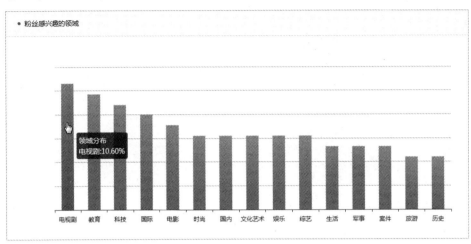

图11-30 某一点号的"粉丝感兴趣的领域"页面

"粉丝感兴趣的内容"页面对粉丝感兴趣的各项内容的占比情况进行了展示。

11.3 B站数据分析：助力账号内容的高效定位

B站（哔哩哔哩的简称，英文名称bilibili）是一个年轻群体高度聚集的平台。正因为如此，该平台吸引了许多新媒体运营者入驻和运营。在B站的运营中，通过数据分析助力账号内容的高效定位非常关键。在B站，运营者需要重点分析3种数据，即视频数据、专栏数据和粉丝数据。

11.3.1 视频数据：洞察趋势关注走势

运营者登录B站账号进入后台，单击左侧菜单栏中的"数据中心"按钮，可直接进入"视频数据"界面查看视频数据分析内容。

进入"视频数据"界面之后，运营者首先看到的是视频的基础数据展示界面。该页面会对"视频播放""评论数""弹幕数""点赞数""分享数""硬币数""收藏数""充电数",以及这些数据的"昨日"变化情况进行展示。图11-31为某B站账号的视频基础数据界面。

视频基础数据的下方是"增量数据趋势"。在"增量数据趋势"页面,运营者可以查看近30天内视频的"播放""评论""弹幕""点赞""分享""硬币""收藏""充电"数据变化情况。图11-32为某B站账号的"增量数据趋势"页面。

图11-31 某B站账号的视频基本基础数据页面

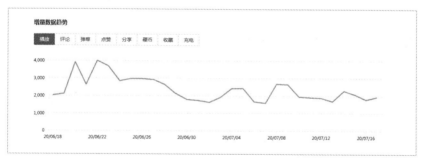

图11-32 某B站账号的"增量数据趋势"页面

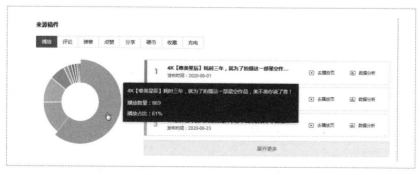

图11-33 某B站账号的视频"来源稿件"页面

"增量数据趋势"的下方是"来源稿件"。在"来源稿件"页面，运营者可以查看视频的"播放""评论""弹幕""点赞""分享""硬币""收藏""充电"占比情况。图11-33为某B站账号的视频"来源稿件"页面。

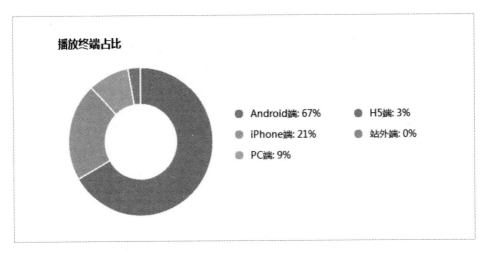

图11-34 某B站账号的视频"播放终端占比"页面

接下来是"播放终端占比"版块，此处对播放视频的终端占比数据情况进行了展示，如图11-34所示。

"播放终端占比"的下方是"稿件播放量对比"。在"稿件播放量对比"页面，运营者可以查看"全部""自制""转载"稿件的播放量的对比分析情况。图11-35为某B站账号的视频"稿件播放量对比"页面。

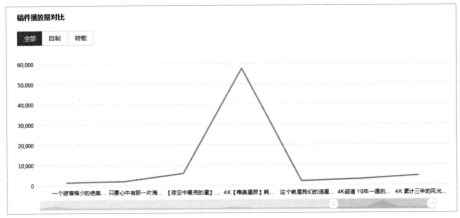

图11-35 某B站账号的视频"稿件播放量对比"页面

"稿件播放量对比"的下方是"稿件播放完成率对比"。在"稿件播放完成率对比"页面,运营者可以查看"全部""自制""转载"稿件的"播放完成率"和"视频时长"的对比分析情况。图11-36为某B站账号的"稿件播放完成率对比"页面。

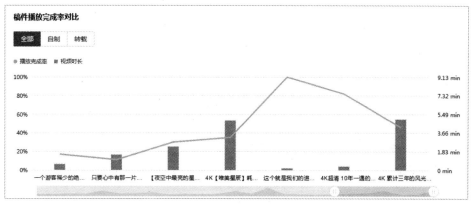

图11-36 某B站账号的"稿件播放完成率对比"页面

"稿件播放完成率对比"的下方是"我在各分区中占比排行"。"我在各分区中占比排行"页面会对账号内容的新增播放量在所属分区中的排名情况进行展示。图11-37为某B站账号的"我在各分区中占比排行"页面。

图11-37 某B站账号的"我在各分区中占比排行"页面

"我在各分区中占比排行"的下方是"游客画像"。"游客画像"页面会对查看账号内容的游客的"性别分布""年龄分布""观看途径"情况进行展示。图11-38为某B站账号的"游客画像"页面。

图11-38 某B站账号的"游客画像"页面

"游客画像"的下方是"地区分布"。"地区分布"页面会对游客来源地区的分布占比情况进行展示。图11-39为某B站账号的"地区分布"页面。

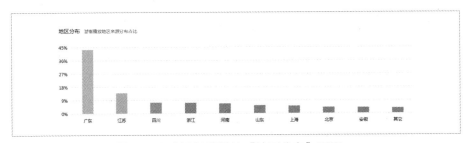

图11-39 某B站账号的"地区分布"页面

"地区分布"的下方是"分区倾向"。"分区倾向"页面会对游客观看各分区视频的占比情况进行展示。图11-40所示,为某B站账号的"分区倾向"页面。

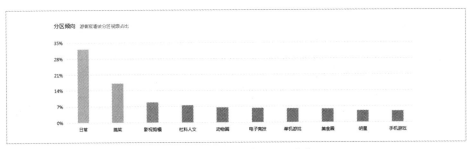

图11-40 某B站账号的"分区倾向"页面

"分区倾向"的下方是"标签倾向"。"标签倾向"页面会对游客观看视频所属标签的占比情况进行展示。图11-41为某B站账号的"标签倾向"页面。

图11-41 某B站账号的"标签倾向"页面

11.3.2 专栏数据：让流量变现更简单

运营者单击"视频数据"界面的"专栏数据"按钮，可进入"专栏数据"界面查看B站账号的专栏数据分析内容。

进入"专栏数据"界面之后，运营者首先看到的就是专栏的基础数据展示页面。该页面会对视频的"阅读量""评论数""收藏数""点赞数""分享数""硬币数"，以及这些数据的"昨日"变化情况进行展示。图11-42为某B站账号的专栏基础数据页面。

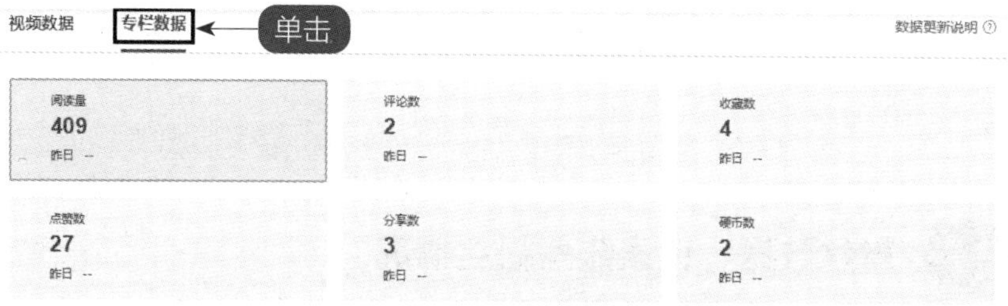

图11-42 某B站账号的专栏基础数据页面

专栏基础数据的下方是"增量数据-趋势总览"。该页面会对专栏的"阅读""评论""收藏""点赞""分享""硬币"的增量变化趋势进行展示。图11-43为某B站账号专栏的"增量数据-趋势总览"页面。

"增量数据-趋势总览"的下方是"来源稿件"。在"来源稿件"页面，运营者可以查看专栏的"阅读""评论""收藏""点赞""分享""硬币"占比情况。如果专栏长期未更新，该页面可能会显示"暂无数据"。

"来源稿件"的下方是"阅读终端占比"。"阅读终端占比"页面会对查看专栏内容的终端的占比情况进行展示。图11-44为某B站账号专栏的"阅读终端占比"页面。

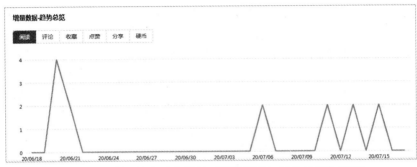

图11-43 某B站账号专栏的"增量数据-趋势总览"页面

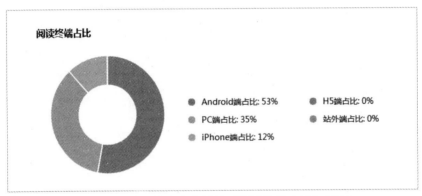

图11-44 某B站账号专栏的"阅读终端占比"页面

11.3.3 粉丝数据：记录账号粉丝情况

运营者登录B站账号进入后台之后，单击左侧菜单栏中的"粉丝管理"按钮，可直接进入"粉丝管理"界面，查看粉丝数据分析内容。

在"粉丝管理"界面，运营者可以查看3个板块的内容，即"粉丝概览""粉丝勋章""骑士团"。其中，运营者要重点把握的是"粉丝概览"板块的内容，单击菜单栏中的"粉丝管理"按钮，会默认进入"粉丝概览"界面。

进入"粉丝概览"界面之后，运营者首先看到的是粉丝基础数据页面。该页面会对"粉丝总数""活跃粉丝数""领取勋章粉丝数""充电粉丝数"，以及这些数值"近30日"的变化数值进行展示。图11-45为某B站账号的粉丝基础数据页面。

粉丝基础数据的下方是"粉丝活跃度"。"粉丝活跃度"页面会通过一张环状图对粉丝参与"点赞""收藏""投币""分享""评论""弹幕""直播礼物""直播弹幕"的占比情况进行展示,还会单独列出"观看活跃度"和"互动活跃度"的百分比。图11-46为某B站账号的"粉丝活跃度"页面。

图11-45 某B站账号的粉丝基础数据页面

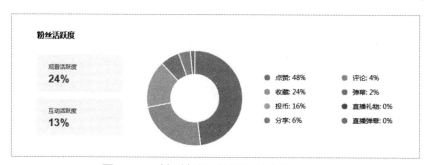

图11-46 某B站账号的视频基本数据界面

"粉丝活跃度"的下方是"关注趋势"。在"关注趋势"页面,运营者可以选择查看"最近30天"的"新增关注""取消关注"变化情况。图11-47为某B站账号的粉丝"关注趋势"页面。

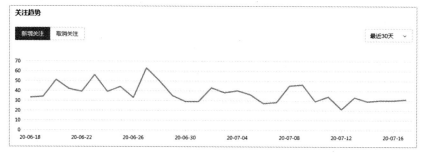

图11-47 某B站账号的粉丝"关注趋势"页面

"关注趋势"的下方是"新增粉丝来源分析"。"新增粉丝来源分析"页面通过一张环状图对"主站视频页""主站个人空间""专栏""音频""其他"新增粉丝的来源占比进行展示。图11-48为某B站账号的"新增粉丝来源分析"页面。

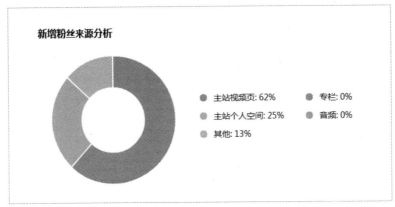

图11-48 某B站账号的"新增粉丝来源分析"页面

"新增粉丝来源分析"的下方是"粉丝排行"。在"粉丝排行"页面，运营者可以查看"累计视频播放时长排行""视频互动指标排行""动态互动指标排行""粉丝勋章排行"情况。图11-49为某B站账号的"粉丝排行"页面。

图11-49 某B站账号的视频基本数据界面

"粉丝排行"的下方是"粉丝画像"。在"粉丝画像"页面，运营者可以查看粉丝的"性别分布""年龄分布""观看途径"的相关数据。图11-50为某B站账号的"粉丝画像"页面。

"粉丝画像"的下方是"地区分布"。在"地区分布"页面，运营者可以查看粉丝所属地区的占比情况。图11-51为某B站账号的粉丝"地区分布"页面。

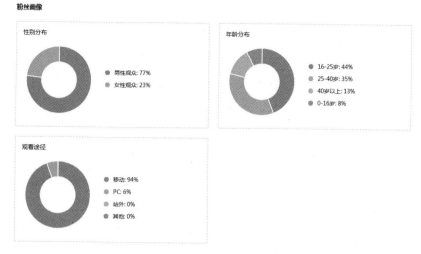

图11-50 某B站账号的"粉丝画像"页面

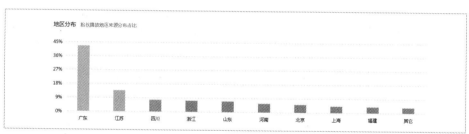

图11-51 某B站账号的粉丝"地区分布"页面

"地区分布"的下方是"分区倾向"。在"分区倾向"页面,运营者可以查看粉丝查看各分区内容的占比情况。图11-52为某B站账号的粉丝"分区倾向"页面。

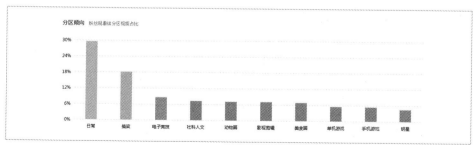

图11-52 某B站账号的粉丝"分区倾向"页面

"分区倾向"的下方是"标签倾向"。在"标签倾向"页面中,运营者可以查看粉丝喜欢观看的标签的占比情况。图11-53为某B站账号的粉丝"标签倾向"页面。

图11-53 某B站账号的粉丝"标签倾向"页面